資産のつくり方

3億円つかってわかった

鬼頭宏昌

ビジネス社

はじめに
収入が上がらない時代に資産1億円をつくる方法

僕は40歳になったとき、30代の約10年間でつかったお金について振り返ってみました。31歳のときに、経営していた会社を売却し、その売却益を元手に借り入れなどもして、つかったお金が3億円を超えていたからです。

こうしてある程度まとまったお金をつかった結果、**お金には「原理原則」があることに気づきました。**

つまり、こうやってお金をつかっていくことで、さらにお金が舞い込んでくるとか、幸せを感じやすいといったことです。**この原理原則に従うことで、物心ともに収入以上の豊かさを実現できると思うに至ったのです。**

僕が名古屋にある会社の経営を父親から引き継いだのは、25歳のときです。当時、居酒屋のほかに経営していた惣菜店が毎月赤字で、会社の業績はかなり大変な状態でした。初めはなにから手をつけていいのか悩みながら、無我夢中で立て直しに取り組む毎日を送っていたのです。その結果、惣菜店を黒字化することができ、居酒屋のほうも20店舗まで拡大し、32歳のときに会社を売却することができました。

その後は、宅配とんかつや結婚相談所など、フランチャイズ事業を手掛ける第2ステージに移行し、現在も日々奮闘しています。

これまで飲食ビジネスを成功させる方法や会社の経営について、本やセミナーでお話ししてきましたが、今回お話しするのは、「お金」についてです。具体的には、**「お金を有効に使っていく方法」**、**「自分自身の資産をつくっていく方法」**、そして、**「金運体質になる方法」**というテーマでお話しします。

僕自身のお金の話をさせてもらうと、自分が経営する会社を売却することで1億円を超える個人資産をつくり出すことができました。起業して会社を育てて、売却するというのは、現代社会において間違いなく、最速で1億円を超える資産をつくり出す方法だと思います。実際、日本の資産家の大半は中小企業のオーナーです。

では、**会社に雇われているサラリーマンといった普通の勤め人だと、億を超える資**

産はできないかといえば、そうではありません。

たとえば、18歳でクルマの運転免許を取得し、68歳までの50年間、クルマを保有し続けたとしましょう。その間ずっと、新車のクラウンを2年ごとに買い替えたとします。クラウンの新車は、おおむね2年で120万円ほど価値が下がります（現実感や貨幣価値などは無視します）。

一方で、本書で紹介しますが、同じトヨタのヴェルファイアのように1年後に買った価格と同じか、それ以上の価格で売れるクルマがあります。それを毎年乗り換えていくことで、50年間で車両取得にかかる費用は0円になります。

これだけで、生涯3000万円もの差が生まれます。

住まいも同じです。

5000万円で買った家を、買った価格より大幅に安くしか売れないか、同等の価格で売れるか、買った価格よりも高く売れるかで、一生で数千万円の差がつくことになるでしょう。家は土地と建物の価格で構成されており、土地の価格が上昇、もしくは維持される人気エリアであれば、買った値段と同等、もしくはそれ以上の価格で売却することも夢ではありません。多少高い物件でも、借入をうまくつかえば購入可能です。

このように、**お金をつかう対象をよく知ることで、サラリーマンでも1億円の資産をつくり出すのはじゅうぶん可能だと考えます。日々の節約よりも大きな支出に目を向けたほうがよっぽど資産形成につながるものです。**

お金を稼ぐこと、増やすことで資産をつくろうとすると、収入アップを目指したり、株で儲《もう》けたり、起業して成功したりしなくてはならないので、多くの人にとって大きなリスクを背負うことになります。そうではなくて、**お金をつかうことに目を向けると、実はどんな人でも資産を築けるチャンスがかなり転がっている**ことがわかります。

つまり、この本でお伝えしたいのは、**「お金をつかうこと」で資産をつくっていこう**という話です。

「金運」について考えていたときに、金運を下げる消費パターンというものが頭に浮かびましたので、少しお話しします。

人間は、ストレス（特に孤独）を感じると、目の前の快楽に走るという習性があります。男性であれば、キャバクラなどの女性にまつわること。女性であれば、ブランド品やエステといったことです。そういった消費によってストレスから解放されることもありますが、あくまでも一時的な効果しかないでしょう。熱を出したときに、頭に冷却ジェルシートを貼るのと同じです。貼った瞬間は気持ちがいいのですが、根本的な解決にはなりません。毎晩、繁華街に飲みに行く人やブランド品を買い漁っている人は、幸福だとはいえないでしょう。

なぜなら、こういった消費をやめられない人は、「なぜ、キャバクラに通ってしまうのか？」「なぜ、ブランド品を買いたくなるのか？」という、根本的な原因に気づいていないからです。根本原因に気づかないことには、その対処は難しくなり、孤独を癒やすための無駄な消費を、ロボットのように続けていくことになります。「お金をどこにつかっているのか？」という側面だけでも、その人が置かれている状況はだいたいわかるものです。自らを客観視し、その軌道を修正できる能力は、男女問わず必要なことです。

運というのは、自分自身のコンディションに大きく左右されます。そういう意味では、**「お金」というフィルターを通して自らのコンディションを知り、それを整えることこそが、金運をよくしていくために必要なことではないでしょうか。**

この本は、投資や起業について具体的な方法が書かれたものではありません。**僕の経験に基づいて、僕なりの「お金」との向き合い方、生きた「お金」のつかい方について書いています。**

それと、**普段お付き合いのある経営者や成功者から聞いた、お金に関するエピソードも盛り込んでいます。**こういった方々には一種独特の「お金持ち思考」があって、お金持ちになるべくしてなったんだなと改めて納得するものばかりです。

お金は単なるツールなので、それを増やすことが目的化すると人生は途端につまらないものになります。その一方で、うまく活用できれば、自分の望みを叶える最強のパートナーになってくれるのです。

お金というツールを上手につかっていきたい、そんな方々にお読みいただければ幸いです。

最後に、この本を書いている途中で、竹田和平《たけだわへい》さんの訃報に接しました。

僕は30代のとき、和平さんからたくさんのことを教えていただく機会に恵まれました。僕の今の価値観は、和平さんの教えがベースになっているといっても過言ではありません。

和平さん、ほんとうにありがとうございました！

鬼頭宏昌

3億円つかってわかった資産のつくり方

目次

第1章 なぜ「稼ぐ」より「つかう」ほうが大事なのか

第2章

お金には「原理原則」がある

第3章

積極的に借金をせよ

第4章

お金は人が運んでくる
――お金と人間関係の法則

第5章 運は日々の積み重ねでよくなる

第6章 資産家の素顔――なににお金をつかっているのか

第7章

起業こそ最強の蓄財術

第1章

なぜ「稼ぐ」より「つかう」ほうが大事なのか

赤字会社を年商20億にして、6億円で売却するまで

実家は名古屋市内で小さなスーパーマーケットをやっていて、父親が八百屋を、母親が魚屋をうけもっていました。僕が大学を中退して、本格的に家業を手伝うことになりましたが、このままスーパーを続けていたら将来的にはダメになるだろうということで、新規事業として居酒屋を始めたのです。

そして、名古屋市内に「旗籠家《はたごや》さくらみせ」という居酒屋をオープンしました。当時、「村さ来」や「養老乃瀧」、「つぼ八」といった居酒屋チェーンが繁盛していて、居酒屋業界が成熟期を迎えようとしていた時代です。業界最安水準の客単価2200円程度のチェーン居酒屋がしのぎを削る中、僕はそのさらに上の客単価2800～3800円の居酒屋市場に参入することにしたのです。

それはちょうど、**コーヒーショップ市場を低価格でおいしいコーヒーを提供するドトールコーヒーが開拓していき、そこにドトールよりも高品質で客単価の高いスターバックスコーヒーが参入し、成功したのと同じ構図です。**

僕が居酒屋事業を立ち上げたとき、先行していた大手チェーンは、主に男性サラリーマンや学生をターゲットにしたメニュー、空間づくりをしていました。

そんな中、それよりもおしゃれな空間でおいしい料理が出てきて、女性同士でも楽しめる居酒屋が潜在的に求められていたので、そこを狙ったのです。大手チェーンはアルバイトが冷凍食品を温めて出すだけの料理がほとんどだったところに、あえて料理人を雇い、手作りのおいしい料理を出すことにこだわりました。また、居酒屋は食事やお酒だけでなく、コミュニケーションを楽しむ場所なので、有名デザイナーにおしゃれな空間をつくってもらい、積極的に個室を設けたのです。

その結果、居酒屋事業の滑り出しは順調そのものでした。


ところが、その一方で業績不振だった八百屋の業態を惣菜店に変えたところ、それが大失敗してしまったのです。単に野菜だけを売っていたら利幅は知れているので、野菜を加工してお惣菜にすることで付加価値をつけようということで始めました。惣菜店の月商は550万円ほどありましたが、人件費などの経費がかさんでいたのです。

その立て直しをするために、25歳のときに僕が経営者として会社を切り盛りしていくことになりました。売り上げは立っていたので、ある程度ニーズのある商品を提供できていたことになります。そこで、お惣菜をつくるパートのおばちゃんたちをしっかり管理し、ムダがないように経費をうまく削ることですぐに黒字にもっていくことができました。

そして、居酒屋事業のほうも順調に業績が伸びていき、愛知県内を中心に20店舗まで拡大。年商は20億円まで達成し、31歳になったときに会社を手放すことに決め、6億5000万円ほどで売却しました。

そのとき売却に踏み切った理由は、当時すでに居酒屋業界が厳しくなるだろうという見通しがあったからです。案の定、リーマンショックを経て、大手居酒屋チェーンをはじめ、経営はとても苦しいものになっています。

実際、会社を売った5カ月後、居酒屋の経営環境が厳しくなる出来事が起こりました。福岡で飲酒運転による事故が起こったのです。事故があったのは橋の上で、ぶつけられたクルマは橋から落ちて、乗っていた3人のお子さんが亡くなってしまうという大変痛ましい事故でした。テレビなどのメディアで大々的に報道され、これをきっかけに飲酒運転に対する風当たりが強くなり、罰則規定も強化されました。実は、売却した居酒屋チェーンは、20店舗のうち約半分がロードサイドに店舗を構えていたので、その事故の影響で大きな打撃を受けたといいます。

それと、家族で会社を経営していたので、身内のゴタゴタにうんざりしていて、そこから早く解放されたかったというのも大きな理由の一つです。

30代で3億円つかってわかったこと

この売却益と銀行からの借り入れを元手に、30代の約10年間で3億円を超えるお金をつかいました。

僕はもともと、日々資産運用を考えるタイプではありません。そもそも、自分の中では、事業をするのがいちばん儲かるし、それが一番の資産形成になると思っているからです。それと、僕自身が経験していますが、会社をつくって売ることができれば早く資産がつくれて、うまくいけば、株式投資などに比べても桁違いの利回りが得られるのです。

でも、**10年間で3億円つかってみて、期せずして「お金の価値」について認識を新たにしました。**そのすべてで価値のあるお金のつかい方ができたわけではありません。失敗もしています。でも、その失敗からも「お金の原理原則」について学ぶことができたように思います。

まず、なににお金をつかったかというと、株に投じました。お金をもつようになった人の常套パターンですが、それにはきっかけがありました。

会社を売却する直前に、幼児向けのお菓子「タマゴボーロ」で有名な竹田製菓会長（当時）で、日本有数の個人投資家といわれた竹田和平さんと親しくさせていただくようになったのです。和平さんも僕と同じく名古屋に住んでいたので、ことあるごとにお会いしてお話を伺っていました。和平さんは時価総額100億円以上の株式を所有する大投資家で、その和平さんの影響で株を始めたのです。

それまでは、会社が順調に成長してお金が入るようになっても事業に集中していたので、事業以外の投資は一切していませんでした。だから、株は全くの初心者でしたが、経営もしていましたし財務にも通じていたので、自信はありました。

ところが、これでがっつり損をするはめになったのです。5000万円くらい投じて、半分くらい損をしました。

いくつか買った株の中でいちばんやられたのが、ある証券会社の株でした。業績が好調なところでバーッと株価が下がってきたので、その会社のIR（企業が投資家や株主に対して、投資判断に必要な材料を提供していく活動）を見たところ、歴史的底値水準だと煽っていたので、5000万円のうちの多くをこの会社に投じてみたのです。すると、そこからさらに10分の1まで目減りしてしまいました。

その後、金（ゴールド）が来るだろうなと思い、価格を調べたらちょうどいい具合に下がっていました。リーマンショックが起こり、世界経済の見通しが不透明だったため、安全資産である金の需要が高まると予測できたので、買いを入れました。

当時100グラムあたり2500円ほどで、2000万円分買いました。今でももってますが、ちょうど2倍くらいになっています。現在も2000万円くらいの含み益があるので、株の損の大部分を取り返した感じになります。

お金は好きなもの、詳しいものに集中させる

こうして見事に出鼻をくじかれる結果になってしまいました。

なにより自分がよく知らないもの、詳しくないもの、それほど興味がないものは買ってはいけないということをこのとき痛感させられました。世界一の投資家といわれるウォーレン・バフェットも、自分が知らない分野には投資しないといいます。

好きなもの、詳しいものであれば、それについて調べたり、考えたり、行動したりすることは苦になりません。それができれば、そのものがもつ市場価値や相場観がおのずとわかってくるものです。

好きこそものの上手なれといいますが、まさに**一つのことに熱中できるオタク的要素は、資産形成の上ではかなり大切な資質だと思います。**

親が子供に嫌いな勉強を無理やりやらせても、全く身につきません、無駄な努力で

す。それよりも子供が興味をもっているもの、好きなものをとことんやらせたほうが本人も楽しいし、その子の才能は伸びるというのと構図は同じだと思います。

これは最初の買い物だったので心が折れそうになりましたが、僕にとって最高の教訓になりました。

４００坪の大豪邸には買い手がつかない⁉

そうこうしているうちに、知り合いから「ある家に住まんか」と声をかけられました。その家というのは、名古屋の八事《やごと》という高台の住宅地にある４００坪ほどの敷地に建つ豪邸でした。某陶器メーカーの会長さんが所有し、そのご子息が相続されていました。

そのときちょうど家を探していたので、軽い気持ちで見に行ってみました。でも、家賃は高そうだし、それまでその豪邸で暮らしていたのがある製薬会社の重役の方など、錚々たる人たちだったので、自分はお呼びじゃないなと思い、どうやって断ろうかずっと考えていたんです。

ところが、オーナーさんと話しているうちに気に入られ、「家賃はいくらでもいいから、君が住みなさい」といっていただき、夫婦２人で暮らすことになったのです。

本来なら50万円はする家賃が20万円そこそこで借りられたまではよかったんですが、月の水道光熱費が10万円もかかることに住んでみて初めて気づきました（笑）。

でも、暮らしてみると、街が一望できるし、庭には大きな木があったり花が咲いていたり鳥が飛んできたり、「この家、買いたいな」と心から思うほどすばらしい環境でした。近所に住んでいた和平さんにも2回ほど来ていただきましたが、「ええとこに住んでるなぁ」と感心するほど。

そこで不動産業をやっている妻の友人に相談したところ、こういわれたんです。

「鬼頭君、そんなところを買っても売るときに困るよ」

不動産は株や金と違い、流動性に欠け

400坪以上の豪邸には買い手がつきづらい

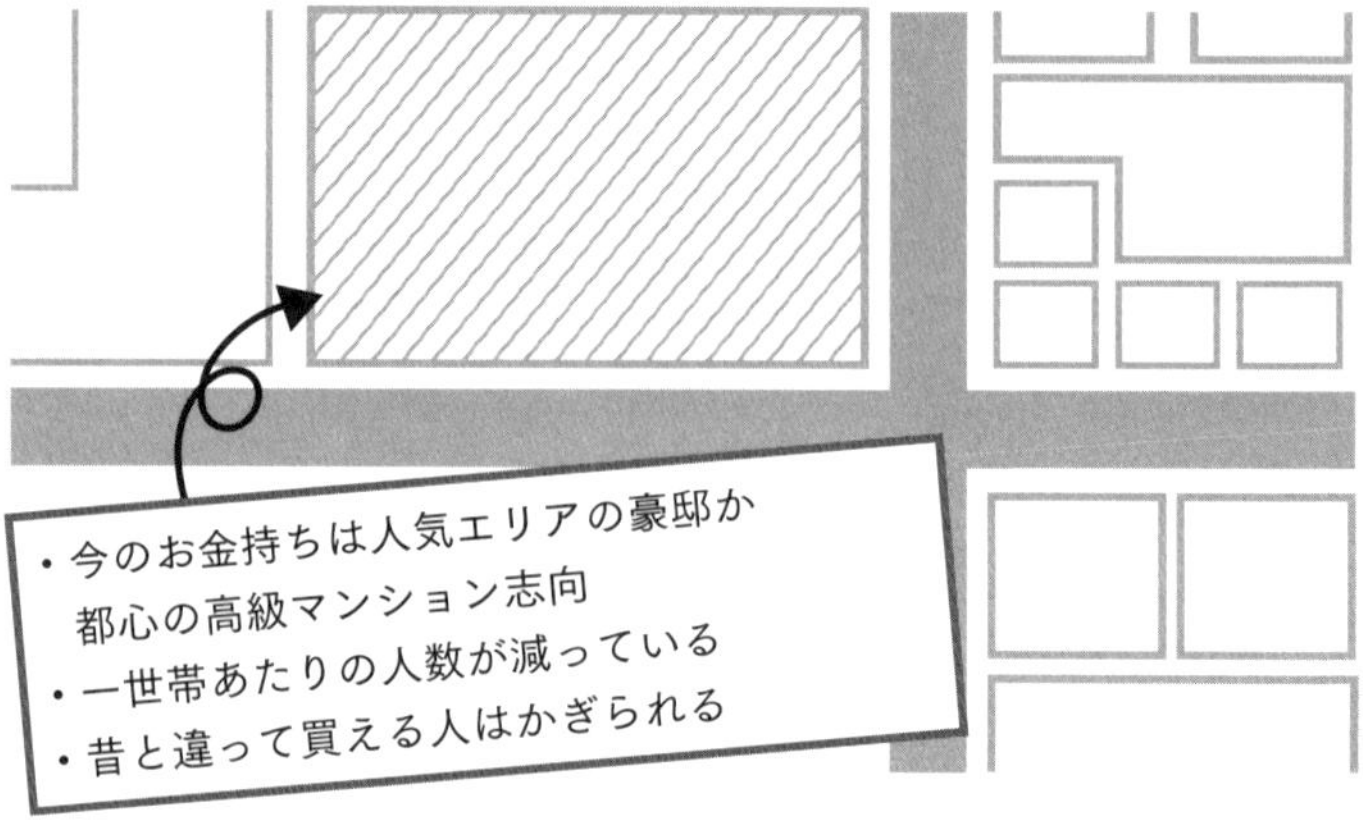

・今のお金持ちは人気エリアの豪邸か
都心の高級マンション志向
・一世帯あたりの人数が減っている
・昔と違って買える人はかぎられる

るので、なるべく早く買い手がつくような土地を買わなければダメだというのです。それと、昔と違ってこんなに広い豪邸を買える人は限られているし、現役世代のお金持ちが所有したがるのはこうした売るときに困るような豪邸ではなく、買い手がすぐにつく人気エリアの豪邸か、セキュリティのしっかりした都心の高級マンションだと。

ここを買うくらいならもっといいところがあるから、どうせ買うならそういう家にしなさいということでした。

「価値が下がらないもの」にお金をつかうべし

そういわれて買ったのが、今住んでいる自宅です。

名古屋に白壁《しらかべ》というエリアがあります。そこはもともとお城（名古屋城）の塀（白い壁）の外側にある場所なので、そういう地名になったといわれています。**白壁エリアで暮らす女性たちは、地元で「シラカベーゼ」と呼ばれているのです。イメージ的には、東京・白金の「シロガネーゼ」といった感じでしょうか。**

明治・大正・昭和期に多くの財界人や起業家が居を構え、周辺にはお嬢様学校で有名な女子校があったり、名古屋の中でも由緒正しい高級住宅街といわれるエリアです。かつて名古屋市が財政難だったとき、そのエリアの一部が売りに出され、日本を代表する企業の創業家の人たちが購入しました。

たまたま知人がそこに土地を所有していて、僕が買うのを待っていてくれていたんです。

名古屋には僕よりも資産がある人はたくさんいるのに、運がいいことにそんな場所に家を買うことができたのです。しかも、**相場よりもリーズナブルに譲っていただいたので、買った瞬間に株の損失を余裕で取り返せるくらいの含み益が得られました。**

ちなみに、自宅の敷地は200坪ほどですが、僕の調べによると、成り金が飛びつきやすいサイズがだいたい200坪くらいなんです。

その前に賃貸で住んでいたような**400坪以上になると、かなり買い手を選ぶ**ようです。妻の友人もいっていたように、**今の時代だと買い手がつかないから、売りにくい。欲しがる人が少なくて売りにくいと、どんなにいい場所でも価値が下がりやすくなります。**

昨今、そういった大邸宅を相続しても、持ち主は相続税が払えないから売り出したい一方で、そんな大きな敷地を欲しがる買い手はあまりいないので、その結果、大きな土地はどんどん分割されて切り売りされていくのです。

日本はこれから人口が減る一方で、人が集中する東京23区といえども、土地の価値が大きく下がるところが出てくるといわれています。首都・東京でさえそう予測されているので、大阪や名古屋、福岡といった主要都市も例外ではないでしょう。

でも、**いくら人口が減っても、主要都市の人気があって希少なエリアというのは、価値が下がりにくいものです。**むしろ、景気がよくなると、真っ先に投機資金が流れ込み、値上がりしていきます。東京でいえば、銀座の一等地や青山、赤坂、麻布、広尾といったエリアがそれに該当するでしょう。僕が住んでいる名古屋でも、名古屋駅前の一等地は絶対に下がらないはずです。

そういった立地には人がたくさん集まり、みんなが価値を認めているので、欲しがる人が多いからです。

そういった土地なら、価値が上がることはあっても、下がる可能性は、ほかのエリアに比べて低くなります。土地の価格は需給で決まるので、家を買うなら価格が高くても人気のある高級住宅街、駅前や駅近、もしくは、再開発などでこれから人口が増加していく場所に絞るべきなのです。

大きな買いものはリセールを念頭に置く

家を購入する際、銀行からローンを借りましたが、僕の場合、相場よりも安く買えたため、すでに含み益が発生しています。なので、**毎月の返済はいわば借金を返済しているというより、お金をもらって暮らしているうえに貯金までできているようなものです。**

僕自身はこの家を偶然の出合いによって引き寄せましたが、**価値が下がらないものを意識的に買っていくことが重要なのです。**

これこそが、普通の人が資産をつくるための最大のポイントだといえるでしょう。

さらにいうと、価値が上がりそうなもの、下がらないもの、下がりにくいものを買うことで将来の資産形成に大きく差が出てくるのです。

特に家やクルマなど、**金額の大きいものにお金をつかう際は、リセール（売却）を常に意識することが大切になってきます。**

たとえばクルマであれば、買った値段よりも高く売れるものなら、所有している間はタダでつかえているうえ、売却時にはお金までもらえるということになります。また、買った値段と同じ値段で売ることができたら、売るまでの間はタダでつかえていることになります。

仮に、売った値段が買った値段より下がったとしても、下落幅が小さければ、低コストでクルマに乗れていることになるのです。

こうした資産になるものを所有するには、ものの価値を見極める**「目利き力」**や**「売買のタイミング（相場）」**、有益な情報をもつ**「インサイダーの有無」**、そして、それらを引き寄せる**「運」**が大きな要素になってきます。

身の丈にあったマンションと少し背伸びをしたら買えるマンション、買うならどっち？

でも、ここで疑問が出てくるでしょう。

それは、みんなが価値を認めているような超一等地を購入できる属性は限られるということ。つまり、そうしたところは、資産家や高給取りにしか買えないじゃないかという疑問です。

確かに、高いものほど価値が下がりにくいという側面があるのは否めません。だからといって、普通の人が価値が下がらないものを買えないかというとそうでもないのです。

東京でいえば、青山や麻布といった超一等地でなくても、探せば価値が下がりにくいところはあるものです。

たとえば、少し郊外に人気のターミナル駅があるとします。こうした駅なら歩いてすぐのところにある一等地の物件でも、都心の超一等地に比べればサラリーマンでも手が届きやすいと思います。

家を買う際、多くの人が選択するマンションを例に考えてみます。

あるターミナル駅から徒歩5分以内のところと徒歩20分のところにそれぞれ、同じグレードで同じ広さの部屋があって、駅から近いほうが4000万円で、駅から遠いほうが3000万円するとします。

ここでどちらを選ぶかで資産ができるか、できないかのセンスがわかるのです。

毎月返済する住宅ローンが貯金に変わる物件

多くの人は1000万円も違うのなら多少駅から遠くても、身の丈にあった安いほうを買おうとするでしょう。そのほうが1000万円余計に支払わなくていいので、一見するとお得に思えます。でも、**長い目で見ると、駅から遠い物件というのは、それなりに数があるので価値が維持しづらいのです。**

ちなみに、普通の新築マンションは1年後に価値が10～20%下がり、その後、毎年2%ずつ下がっていくといわれています。3000万円でマンションを買った場合、初年度に20%下がるとしたら、10年後には約1000万円下がって、2000万円ほどになることが想定できます。駅からさらに遠く離れたエリアや人口減少が激しいエリアなら、下落率はもっと大きくなっていくことでしょう。

一方、**駅近や人気エリアの物件は利便性が高いだけでなく、そもそも数が少ないので希少性が高く、価値が下がりにくいものです。**下がったとしても、その下がり方は緩やかでしょう。それに、価値が下がりにくい物件なら、10年、20年と長く住めば住むほどお得になります。なので、**資産形成の面でいうと、多少背伸びをしてでも駅から近い物件を買ったほうがいい**と考えられるのです。

「繁華街に近くて治安が悪いところよりも、多少駅から離れていても公園があったり環境がいいほうがいいに決まっている」という人もいるでしょう。

近くになにがあるのか、そのエリアがどういうエリアなのかといった諸条件はさまざまです。

でも、資産形成という側面でとらえると、自分にとっての価値ではなく、多くの人にとっての価値が当然のように重要視されます。**不動産でいえば、やはり利便性の高い立地に重きが置かれるように思います。**

家を買う際は、住みたいと思っているエリアを徹底的に調べて詳しくなることをオススメします。駅からの所要時間による平均価格の違いやエリアごとの資産価値の微妙な違いについてよく理解していれば、価値があるのに安く放置されているお値打ち物件が見つけられるかもしれません。

それにしても1000万円も余計に出せない、多額の住宅ローンを組むのは怖いという人もいると思います。確かに、価値が下がりやすいような物件に多額の住宅ローンを組んで買うのは怖いですし、結果的に損すると思います。

でも、価値が下がりにくい物件であれば、話は別です。住宅ローンを多めに借りることで、本来買える金額よりも高額の物件を買うことができます。特にそれほど高収入でないサラリーマンでも、勤め先がそこそこ安定していて、ある程度の年数勤めていればより多く借りることができるでしょう。**そういう物件が買えれば、毎月の返済が貯金代わりになるので、無理して貯金をしようとしなくても済む**のです。

価値が下がりにくい物件　下がる物件

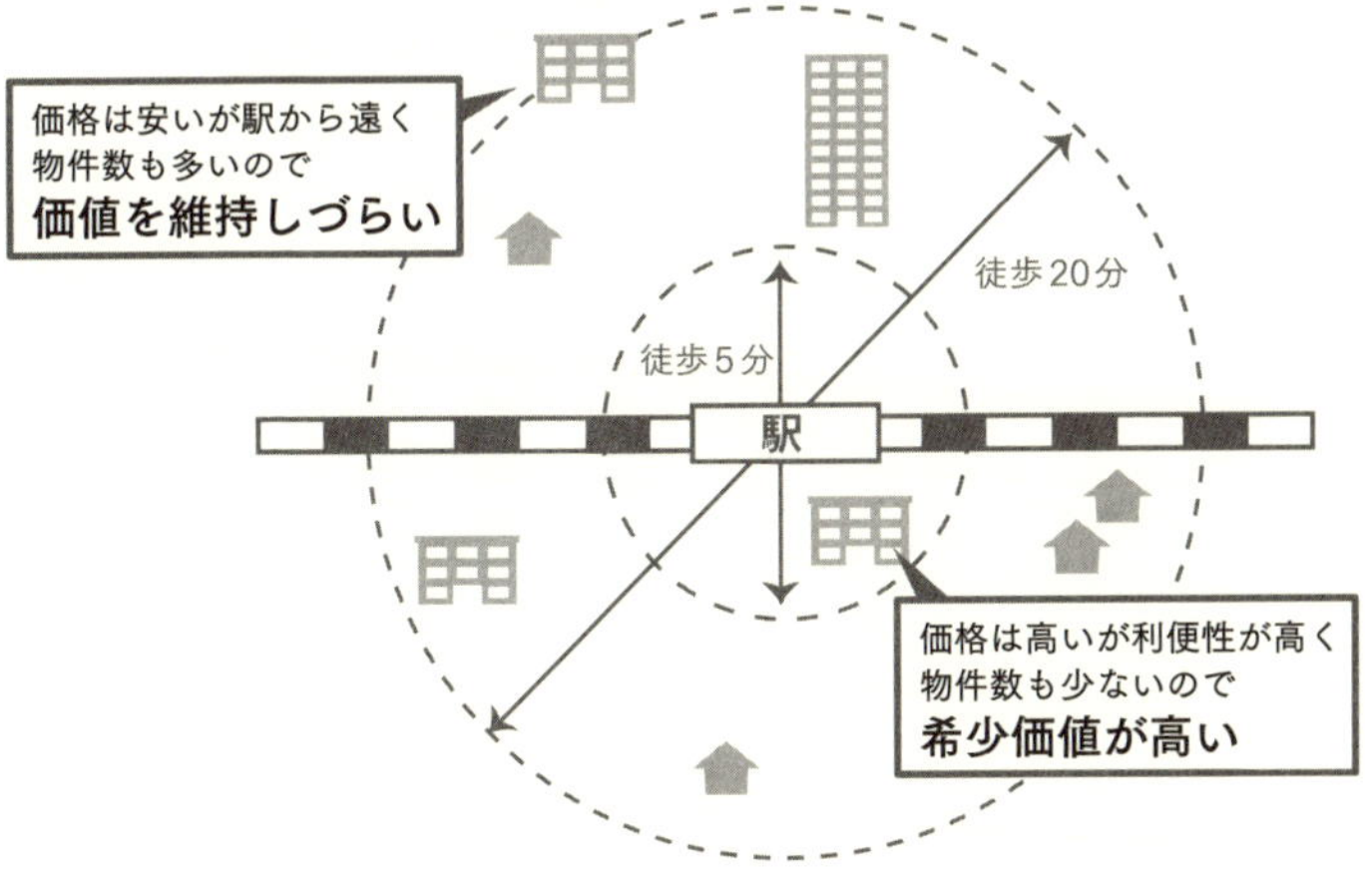
価格は安いが駅から遠く
物件数も多いので
価値を維持しづらい
徒歩20分
徒歩5分
駅
価格は高いが利便性が高く
物件数も少ないので
希少価値が高い

そして、いざ売らなくてはならない事態になっても、すぐに買い手が見つかり、高く売ることができるのです。

そして、マンションではなく一戸建てを買う際は、新築ではなく上物（建物）の価値がほぼないような中古を選ぶこと。つまり、その物件の価格がほとんど土地代というものに絞ることです。**土地の価値が下がらないような場所でこうした物件を買うことが、資産を減らさない家選びの基本になります。実際に暮らす際は、少しお金をかけてリフォームをすれば、いくら古くても全く問題なく住めるでしょう。**

ほとんどの家は新築で買った瞬間に価値が下がるといわれています。そういう意味では、**大きな資産をつくろうとするなら、家計の中で最もウエイトを占める家選びについて、かなり本気になったほうがいい**と僕は思っています。

第1章のまとめ

- 「価値が下がらないもの」を買えば、普通の人でも資産はつくれる
- みんなが欲しがるものは価値が下がらない
- 資産をつくる４つの条件とは
「目利き力」「売買のタイミング」「インサイダーの有無」「運」
- 高いものほど価値が下がりにくいという傾向は確かにある
- 好きなもの、詳しいものにお金を注ぎ込むと資産ができる
- 家計の中で最もウエイトを占める家選びに本気になる
- 価値が下がらないクルマを所有できれば、
売るまでタダで乗れることになる

第2章

お金には「原理原則」がある

50歳のときの1億と
30歳のときの1億の価値は同じではない

富裕層専門のファイナンシャルプランナーの方から教えていただいたんですが、**平均的な収入の人が資産をつくる場合、「50歳を過ぎてから、ようやくまとまった資産を築ける人が多い」**といわれているそうです。

そういった人の多くは、それまでひたすらコップから溢《あふ》れてきた水をすって飲むような生活を我慢し続けた結果、その年になってようやく資産が築けるようになった人が多いといいます。

でも、50歳になってようやくまとまった資産ができても、自分の楽しみのためにお金ってつかえないものです。

お金はやっぱり、若いうちにつかったほうが圧倒的に価値があると思います。

50歳のときの1億円と30歳のときの1億円は、同じ価値ではありません。

世界一周旅行をするなら、体力も気力も好奇心もある若いうちのほうが何倍も楽しいし、その経験が後々の糧になりやすい。年をとると胃腸が弱ってくるので、おいしいものもおいしく食べられなくなるし、物欲なんかは特に若いうちのほうが旺盛で、年をとるとだんだん枯れてくる。

なので、50歳以降になってようやく資産がつくれても、結局、自分ではつかわずに残して死んでいくことになるのです。

どっちの人生が豊かか？

コップの中身を
飲み干す

コップから溢れてきた水を
すって飲む

「お金は先に出さないと入ってこない」という考え方があります。コップのジュースを飲み干せば、次のジュースが注がれるといった感じです。

これがほんとうにその通りであれば、こっちのほうが人生は圧倒的に楽しいはずです。どうせ死ぬときはゼロになるんだから、というスタンスのほうがポジティブです。

ただやっぱり、**コップのジュースを飲み干すにしても、「どう飲み干すか」が大事になってきます。**

資産になるものには絶対条件がある

資産になるものの価値は単純で、基本的に「売った値段－買った値段」で表せます。買ったものがいくらで売れるかというのが、すごく重要になってきます。資産は次の3つに分類されるといわれています。

買った値段より高く売れたら、優良資産
買った値段と同じ値段で売れたら、安定資産
買った値段より安くしか売れなかったら、目減り資産

しかし、今の時代、買った値段で売れる安定資産でも、じゅうぶん優良資産だといえるでしょう。それらを手にするには、**価値の見極めがとても重要**になってきます。
ただ、そのときそのときの相場で価値も変動するので、価値の高いものに未来永劫ずっと一律の値段が付く訳ではありません。

インフレのときや株価が上がっているときは、デフレのときや株価が低迷しているときより、ものの値段は上がりやすくなる。反対にリーマンショックのような大暴落が発生すると、いくら価値が下がりにくいものであっても、その影響からは逃れられない。また、輸入品であれば、為替にも左右されます。

でも、基本的に価値が下がりにくいものは、下がりやすいものに比べて相場の下落圧力の影響を受けにくいものです。たとえ一時的に値下がりしても、その下がり方は緩やかで、相場が反転すればなによりも価格の戻りが早い。そうした**相**

お金は優良資産、安定資産につかう

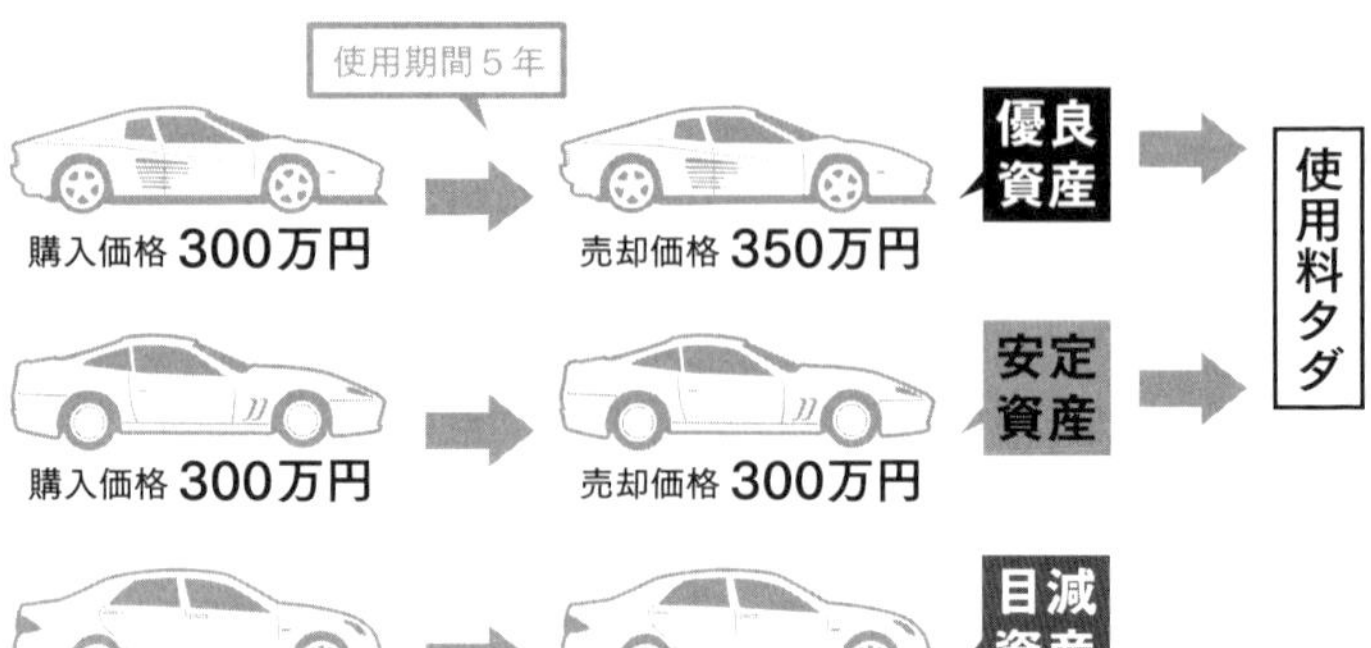

場の下落局面で価値のあるものを買っていくことで、大きく資産がつくれるのは歴史が証明しています。

また、僕は日ごろの消費においても、値段と価値を見比べて、価値の高いものを消費するようにしています。**同じお金を出すのならより価値や満足度が高いもの、価値が下がりにくいもの、価値が一緒ならより安いものにお金を出す。これが豊かになるための原理原則なんです。**

土地でもクルマでも、高くてもいいもののほうが、結局価値が下がりにくいのです。高いってことは人気がある証拠だから、それだけ高い値段で売れる可能性があるということなんです。

僕みたいに割安な株（低ＰＥＲの株）を狙って、下がってきたものをよしと思って買ったら、さらに暴落したなんてことを経験している人って結構多いと思います。安物買いの銭失いとでもいうのでしょうか。こうしたことを僕は株の失敗で骨身に染みて学びました。

のめり込めるもので「目利き力」を養う

僕は株はダメだったけど、土地はうまくいった。それぞれなにが違うかというと、株のことは詳しくなかったけど、土地のことはある程度わかっていたからでしょう。まず地元に住んでいたので、名古屋市内に土地勘があった。それと、事業をしていく中でさまざまな店舗を借りてきた経験から不動産の知識がある程度あった。そのため、土地の価値と相場から考えて「買いだ！」と判断できたのです。

あとは、プロが近くにいたこと、それと売ってくださった方との信頼関係が築けていたことも大きかった訳です。こうしたインサイダーが身近にいることのアドバンテージはかなり大きいでしょう。

このように、**価値のあるものを見極めるには、目利きになる必要があります。つまり、お金を支払う対象についてよく知っていることが大切です。**

でも、初めからなんにでも精通するのは難しいので、**まずはなにかテーマを一つに**

絞って集中すること。もちろん、嫌いなものより好きなものに集中したほうが、知識をどんどん吸収していくので、おのずと勘が養われやすいものです。その結果、のめり込めるものができて相性のいいものがわかれば、資産を築きやすくなります。

僕の場合、株といったペーパーの資産より、金や土地といった現物の資産のほうが相性がよかったようです。

スポーツカーが好きな人なら、スポーツカーに集中する。時計が好きなら、リセールバリューが高いといわれているロレックスに詳しくなる。アートが好きなら、日本画か現代アートか木彫かと一つに絞れば、目が養われていって、それが得意分野になっていきます。

クルマももっていないのに、やたらとスポーツカーの値段に詳しい人っているんですが、資産をつくっていく場合、それが重要な能力になってくるんです。もちろん、思い切ってお金をつかっていく度胸も必要です。

よく、リスクを避けるために「分散投資」がいいといわれますが、短期的に資産をつくるには得意分野に一点集中するに限ります。

僕が失敗した株でいうなら、とりあえず大企業だからとか、伸びそうなベンチャーだからといった買い方はだいたい失敗します。

そうではなく、たとえば、食関連なら外食産業の株に絞るとか、建築や不動産関連ならREIT（不動産投資信託）に絞るとか。あるいは、バイオや医薬品に絞るといった感じで、一つのジャンルに絞って、その中からさらに一社一社を比較研究して投資していくという方法のほうが、勝率も高くなります。

テーマを絞って目利きになる

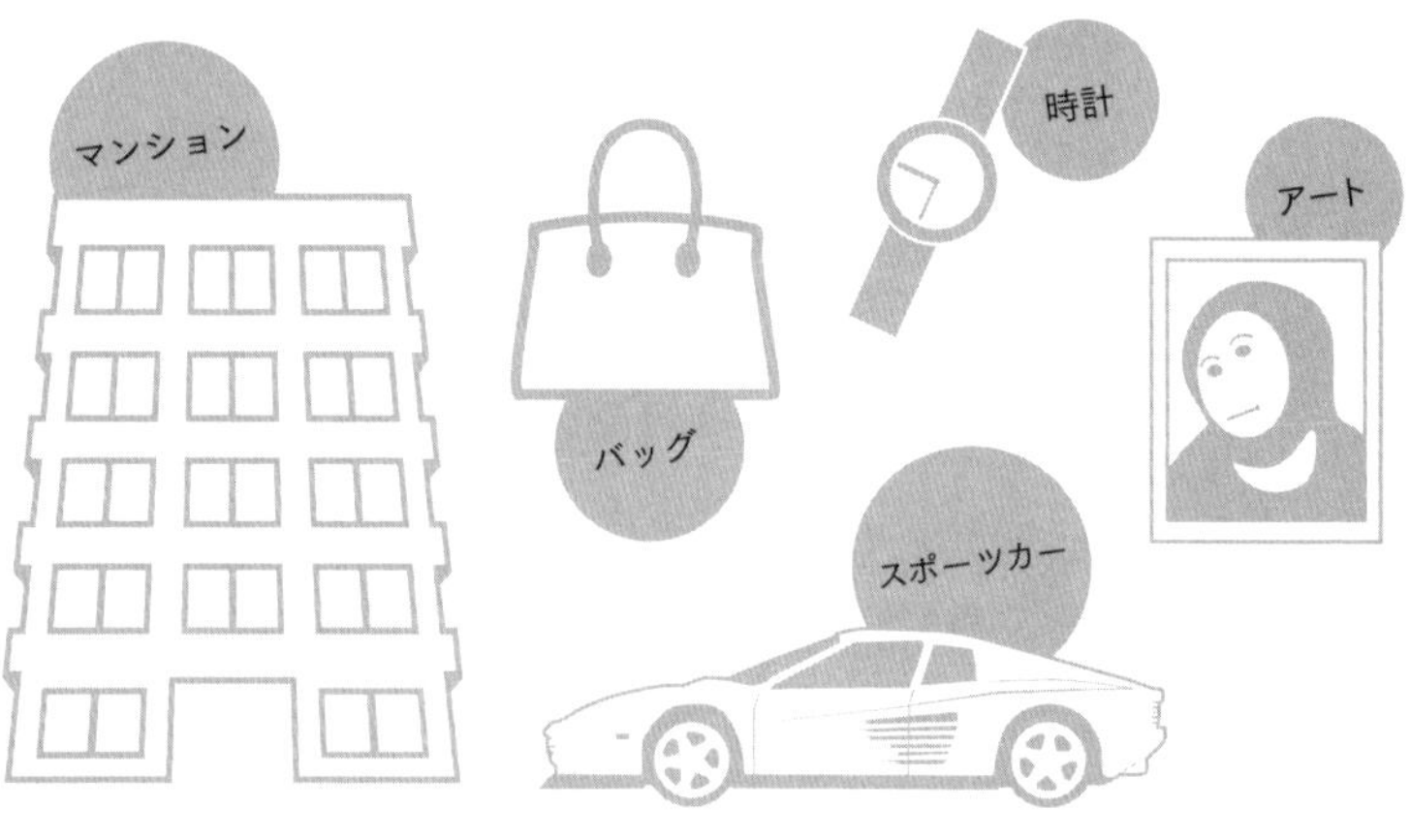

値段の高いものすべてがいいものでもない

僕の場合、基本物欲はあまりないので、日ごろからサービス、特に外食にお金をつかうようにしています。

高い店、安い店に限らず、**どうせ同じお金を払うなら、うまい店に行きたいものです。**そういう店に行き当たれば、支払う金額が同じでも得られる満足度に差が出てくるからです。

たとえば、一人10000円の寿司屋と100000円の寿司屋があったとします。金額にして90000円の差です。当たり前のことですが、ネタの質から職人の仕事、店のしつらえまで、その2つの店のクオリティや満足度にはかなりの差があります。

でも、**一人10000円の寿司屋と19000円の寿司屋では、同じ9000円の差ですが、クオリティと満足度に劇的な差はないものなんです。**

つまり、**値段が上がれば上がるほど、クオリティや満足度の差ってすごく小さくなって、コストパフォーマンスが下がるんです。**寿司屋におけるコスパ曲線は、10000円まではグーンと上がり続け、10000円を境に徐々に下降カーブを描くというイメージです。

賢い消費をしたければ、**価値と値段に歪み（ギャップ）を見つける訓練を日ごろからするる**といいと思います。いい店を当てたときの感動と興奮が味わえますし、その経験を重ねることで自分なりの法則性が見えてくるからです。これは飲食以外のものにも当てはまると思います。

だから、僕は、客単価10000〜15000円くらいでお値打ちな店を探すのをライフワークにしています。**店選びのポイントの一つは、やはりコスパです。**

前に妻がごちそうしてくれるというので、六本木ヒルズにあるフレンチの店に行きました。二人で50000円以上したと思います。確かにうまいんだけど、この値段であのクオリティだったら、もう二度と行かないなと思いました。

なぜそうなるのかを考えたら、六本木ヒルズは賃料がかなり高いので、原価率を上げることができません。つまり、家賃に払う分だけ、いい材料がつかえなくなるか、売価が高くなるのです。飲食店のコスパは完全に原価率で決まります。

ちなみに、僕も飲食業をしているので、よその店に食べに行くと経営を見てるんですかとよく聞かれます。席数がいくつで客単価がいくらで、一日に何回転するといくら儲かるとか。でも、そんなことは一回もしたことはありません。飯食いに来てるのにそんなことをする気はさすがに起こらないものです。ただ、**コスパについてはユーザー目線でかなり厳しく見ています。**

店選びのポイントの二つ目は、詳しい

寿司屋におけるコスパ曲線

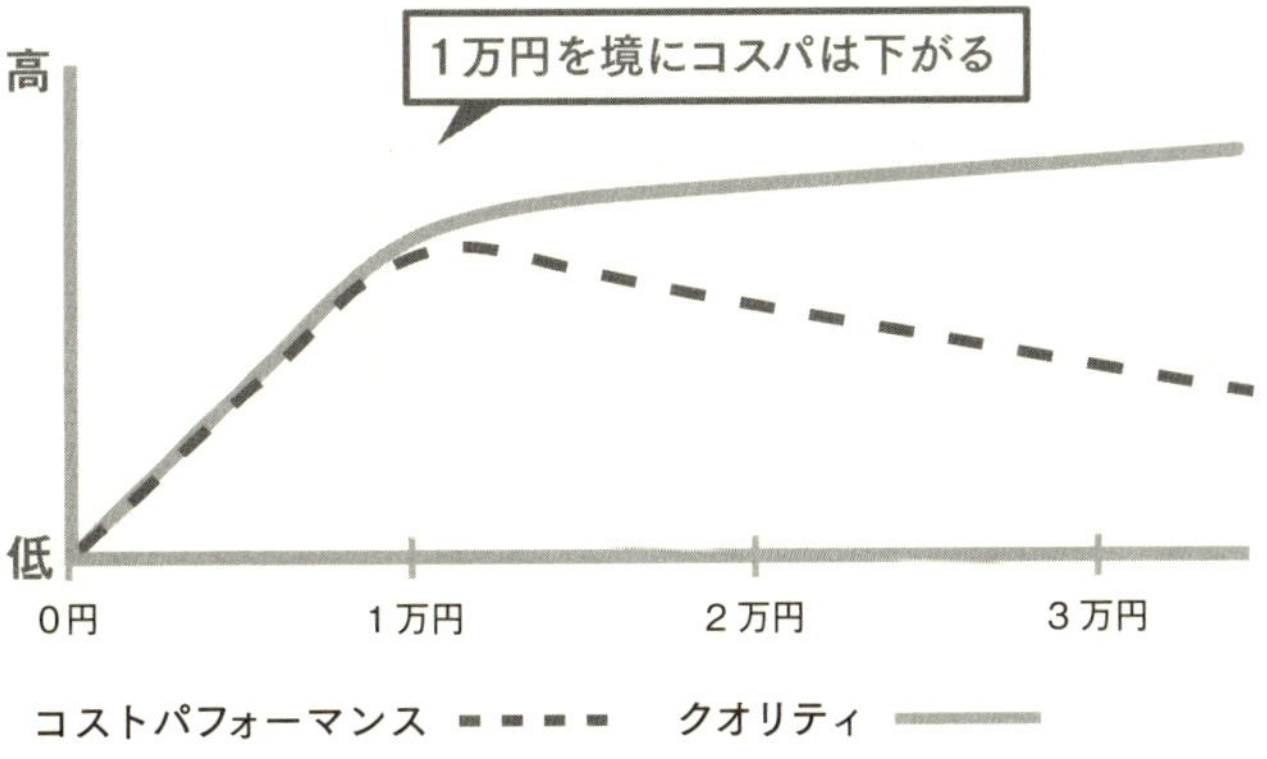

人に聞くことです。

寿司屋であれば、親しくさせてもらっているある経営者の先輩に聞くことにしています。というのも、この方はとにかく寿司を食べることに情熱を燃やしている人で、月のうち大半は全国の旨い寿司屋に通い詰めている強者です。寿司なら誰々、イタリアンなら誰々といった感じで、こうした**情報通が消費の満足度を高めてくれることは間違いありません。**

このように値段が高ければ高いものほど満足度が高いかというと、一概にはそうとはいえません。それはほかのものも同じで、**高額なもののすべてが価値相応のものとは限らないのです。**

リターンを求めるだけの投資はつまらない

安くてうまい店を見つけると通いつめるんですが、そういう店でも開店当初はお客さんがいなくて閑散としてたりするので、そういう店を見つけると、**応援する意味でもとことん通うようにしています。**

「大丈夫、絶対いけるよ」と応援されると、人ってもっと頑張ろうと思うものです。すると、料理もサービスもさらによくなって、だんだんと多くの人に愛される店になっていく。

あるとき、イタリアンと和食を掛け合わせた料理を出す店が、豊橋からうちの近くに移転してきたんです。ネットでその店のことを知って、おもしろそうだということで行ってみました。店じゅうにダンボールが積まれていてお世辞にもきれいとはいえず、当時はお客さんが全然入っていませんでした。

その店で白トリュフのコースを食べてみましたが、料理自体はすごく素朴なんですがものすごくおいしくて、店も独特の世界観があって、しかもかなりコスパが高かったので、「この店、絶対に流行るだろうな」と思いました。店のご主人と話していたら、「この間もお客さんに、『あまりにも店が汚い』って叱られて、落ち込んでいたんです」とかいってるので、「別に大丈夫じゃないの。この店は絶対に人気が出ると思う」といっていたら、瞬く間に予約がとれなくなったのです。

その店が年末におせちを売り出すことになったんですが、すでに完売で予約を打ち切っていたんです。あるとき、おせちのことをなにげなく聞いてみたら、用意してくれたんですね。暇な時代にあえて予約を入れて通いつめていたのを向こうはすごく覚えていてくれて、無理かなと思ったんですが融通を利かせてくれたのです。

苦しいときに励ましたりしてくれる存在というのを、人は覚えてるものです。いいなと思ったら少しでも応援して、もっとよくなれば自分も嬉しいし、融通を利かせてくれることもあるし、こうしたことも一種の投資といえるかもしれません。

自分がいいなと思ったものにお金をつかう、旦那になったつもりで応援する。**投資というと金銭的なリターンばかりを追い求めがちだけど、リターンばかりを追い求めるだけだと人生がつまらなくなります。**

消費における「旦那的投資」のススメ

江戸から昭和にかけて、日本には旦那衆という人たちが一定数いました。どんな人たちかというと、**事業で得た利益や私財で名もなき若き芸術家に援助をしたり、橋をかけたりして、文化や地域に貢献して徳を積んでいたような人たち**です。

現代でも自分が得てきた利益を社会に還元している富裕層はいます。あの和平さんも亡くなるまで、愛と希望をもった大人に育つことを願って自分と同じ2月4日に生まれたお子さんに、恵比寿様が彫られた純金のメダルをプレゼントしてきました。2000年から始めて、すでに2000人以上のお子さんに渡っているそうです。和平さんは花咲爺を名乗る、まさに現代の旦那といえる存在でした。そもそも、和平さんが一時期、上場企業の中でも割りと小さめの会社にたくさん投資していたのも、そういった会社を応援する意味があったといいます。

ここまでのスケールでなくても、僕たちでも普段の消費の中でそのマネごとはできると思います。

たとえば、ちょっと高いけど、無農薬でおいしい野菜を仕入れて売っている八百屋があれば、野菜だけはスーパーではなく、応援の意味でもその八百屋で買い続けるといったことです。

ほかにも、たまたまギャラリーに飾ってあった絵がすごくよくて、自分好みだったら、無名の人でも迷わず買ったらいいと思うんです。

有名な人でなければ、それほど高くないでしょうし、好きなタイプの絵であれば、部屋に飾っているだけで気分がいいし。それで、その画家の絵をコレクションすることで応援していく。余裕があれば、その画家のリーディングコレクターになれるかもしれません。

一種のパトロン的な行為ですが、もしかしたらゆくゆくは人気が出て、その画家の絵の価値が上がるかもしれないし、めったに起こらないでしょうが、その画家が大きな美術館で個展をやることになったら、貸し出し依頼がくるかもしれない。オークション市場が盛んな欧米では、こういったことが普通に行われているといいます。

こうして、**ただひたすら応援していく「旦那的消費」も、資産の含み益とは違った側面で人生を豊かにしてくれる**と思うんです。

お金を追い求めすぎない

お金はあくまでも「手段」であって、「目的」にしてはいけないと思います。
もちろん、最初は「お金持ちになりたい」という欲求からスタートしてもいいんですが、**ただお金を貯めること、稼ぐことばかりを追い求めていると、逆説的ですが、お金は思うように入ってこないものだからです。**特に事業を興してお金持ちを目指すのであれば、「理念」が必要になります。**理念があれば、いつの日かお金を稼ぐことより、その理念を実現していくことが楽しくなっていくものです。そして、そうすることがかえってお金を生んでいくように思います。**

ちなみに、僕の中にある大きな理念は、「フランチャイズの加盟店さんにお金持ちになってもらうこと」です。これは、なかなか簡単ではないのですが、だからこそ、努力のしがいがあると思っています。うちの加盟店さんは、破産経験者や借金を抱えていた人がけっこういます。そういう苦労してる人たちに頑張ってもらって、何か形として資産を作ってもらいたいというのが今の僕のテーマです。

やっぱり苦労だけの人生では、人間力は絶対につかないものだから、苦労した分の反発で勢いよく登っていったときの達成感も経験しなければならない。

もし、僕自身がただ「金持ちになりたい」としか考えていなければ、誰もついてきませんから、結局、僕自身も富を手にすることはできなくなります。

でも、僕の理念が本物であれば、それが僕自身のエネルギーにもなって、日々続発する不測の事態にも立ち向かえるようになります。そして、加盟店さんたちにも僕の理念が伝わっていき、「一緒に会社を大きくしよう」という気持ちで、必死で頑張ってくれるでしょう。その結果として、皆が富を手にすることができるように思います。

第2章のまとめ

- 「お金をどうつかっていくか」を意識すれば貯金の必要はなくなる
- 「小さな支出」ではなく「大きな支出」に目を向けるべき
- 買った値段より高く売れる優良資産、もしくは買った値段で売れる安定資産をもつ
- 同じお金を出すならより価値が上がるもの、下がらないものを買う
- テーマを一つに絞って集中すれば、目利きになれる
- 客単価1万円の寿司屋と1万9千円の寿司屋ではクオリティに大差がない
- ただひたすら応援していく「旦那的消費」は人生を豊かにしてくれる
- お金が欲しければお金を追い求めすぎてはいけない

第3章

積極的に借金をせよ

男がキャバクラにはまり女がブランド品を買い漁るのは運気が下がる危険信号である

あるチェーンの衣料品店で店員さんの応対が気に入らないからといって土下座させた、という事件がニュースになりました。客として大切にされて当然だと思っていたら、満足するような応対がなかった。そのことにキレて土下座までさせて、留飲を下げたというものです。

そういう話を見聞きする度に思うのは、**お金よりも愛が欲しいというのが人間の本質だということ**です。そして、**「愛されたい」「大事にされたい」という心に穴が開いたとき、無意識の衝動として、人はなにか別の形でそれを埋めようとする**のです。

その行動が消費として現れやすいのが、冒頭でお話ししたキャバクラやブランド品といった消費です。

人は大事にされていない、仕事や人間関係がうまくいっていないと感じると、無意識にそういったものにお金をつかってしまうものです。

男性なら本能的に女性か、食事か酒を求める。

女性ならおしゃれ、なかにはホストにのめり込む人もいます。

こうした消費の本質は、お金をつかって自らの心の穴を埋めに行くようなものです。

そういった欲や見栄にお金をつかい始めたら、自分の中に欠乏感が生まれていたり、今の人生が満たされていないシグナルだと思って、軌道修正しないとダメなんです。

そうしないとお金も時間も失うし、心も荒んでいく。それに気づかずにむやみにキャバクラに飲みに行っている人っているんですが、楽しいから行ってるんじゃなくて、寂しいから行ってるのが根本的な理由だと思うんです。

ただ人間ですから、一時的に遊びにハマったり、無駄づかいをしたりする時期もあります。こうした店でお酒を飲むことで英気が養われ、仕事が頑張れるのならいいでしょう。

「今は嫁さんとうまくいってないので、しょうがない」

「仕事でストレスがたまっているんだな」

こんなふうに原因を自覚していて、自分でも「無駄だなぁ」と思いながらも、上手に無駄とつき合っているのならそれほど問題ないのです。自分を客観視できているので、いつでも軌道修正できるからです。

でも、**これから資産をつくっていきたい、金運をよくしたいという人が、いつまでも欲や見栄にダラダラお金をつかっているようでは、運から見放されてしまうでしょう。**

フェラーリはクラウンよりも安かった！

その一方で、そうした**人間の欲や見栄を満たしながら、資産をつくっていくことは不可能ではありません。**

トヨタを代表する高級車にクラウンがあります。高度経済成長期には「いつかは、クラウン」といって、クラウンにステイタスを感じ、クラウンに乗ることを目標にしている人たちがおおぜいいました。今ではレクサスなどのさらに上位クラスのクルマが出てきていますが、クラウンは今でも高級車といえるでしょう。

資産として見たとき、クラウンに支払っただけの価値をずっと維持し続けられるかというと、それはかなり難しい。大半のクルマにいえることですが、クルマは買った瞬間に価格が下がるものだからです。

でも、**世の中には買った値段を維持し続ける、買った値段を上回る価格で売却でき**

るような資産になるクルマがあるんです。

なかでも、フェラーリはその最右翼でしょう。新車価格が2000万円超もする高級車ですが、生産台数が少ないモデルは希少性が高く人気があるので、値落ちしづらいクルマの一つといえます。

フェラーリは特に新古車の数が少ないので、新車のフェラーリの特別仕様車をいち早く購入し、1年ほど乗った後に売れば、買った値段と同じ値段、もしくは買った値段よりも高く売れるのです。フェラーリ488などの特別仕様車は必ず人気が出ます。

同じ高級車でも、輸入車販売台数日本一のベンツは割りと値落ちしやすい。

なので、ベンツは新車で買わずに値落ちしている中古で買ったほうが得です。それが同じベンツでも、ゲレンデヴァーゲンというモデルだと人気があるから値落ちしづらい。その理由の一つが、デザインが大幅に変わっていないからです。

また、ポルシェの中古車は基本的に月10万円ずつ価格が落ちていきますが、ポルシェでもカレラGTといった特別なモデルは別です。生産台数が少ないのに欲しい人が多いので、価値が下がるどころか逆にプレミアがついて上がっていくんです。ある友人はかつて5000万円で買った新車のカレラGTに2年乗って、5000万円以上で売ることができたといっていました。

希少なクルマを所有することで享受できるのは、「価値が下がりにくい資産を所有できる」という側面だけではありません。ある友人は、初めてフェラーリを買ったとき、一発で元がとれたと思ったそうです。

なぜかというと、どう頑張っても自分ではアポイントがとれないような人たちと知り合いになれるからだそうです。

フェラーリを所有している人たちのオーナーズクラブというのがあって、そこに行くとそういった人たちに会うことができるということでした。このつなが

希少価値が高く人気があると価値が上がる

※中古価格はカーセンサー調べ

りはフェラーリだからできたつながりなんです。同じ2000万円以上のクルマでも、ベンツの最上級モデルでは、このつながりを得ることはできません。

なので、**資産としての価値やそのほかの副次的効用で考えると、値落ちしづらいフェラーリは、値落ちしやすいクラウンより安いといえるのです。**

値ごろ感があるのに値下がりしないもの

このフェラーリの話は、あくまでも価値が下がりにくいものについての一例です。なので、平均的な収入の人がいきなりフェラーリを買うのは現実的ではないでしょう。でも、それは**住宅と同じで、希少価値の高い高級外車でなくても、探せば価値が下がりにくいクルマというのはあるものです。**

たとえば、トヨタのヴェルファイアというワンボックスカーがあります。7人乗りで色は黒か白のものに、サンルーフや海外でもつかえる一番高いナビといったオプションをつけることで、買った値段か、それ以上で売れることがあるといいます。だから知り合いのクルマ屋さんの社員は、みんなそれを買って1年くらい乗って、買った値段よりも高く売っているそうです。その話を聞いたうちの社員も、今ヴェルファイアに乗っています。

ほかにも、トヨタのハイエースやランドクルーザーが窃盗団の盗難にあいやすいというニュースを聞きますが、これらも中東などの外国で人気があって需要が高く、高値で取引されているからなんです。350万円ちょっとで新車のランドクルーザープラドを買って6年ほど乗って下取りに出したら、買ったときとそれほど変わらない値段で手放せたという話を聞いたことがあります。

クルマは特にいくらで売れるかを意識して買わないと、このように資産としてものすごい差が出るんです。

クルマの車種やモデル、そのときのトレンドなどによって、価値の下がらないクルマ、下がりにくいクルマ、上がるクルマというのが探せば必ずあるんです。

いたずらに借金を恐れるな

借金というと、借金地獄とか、借金苦といった感じでどうしても負のイメージがまとわりつきます。でも、**借金を上手に味方につけることこそが、資産をつくっていく際の最大のポイントになるのです。**

たとえば、家をフルローンで買いましょうというと、「将来どうなるかわからないのに、そんな怖いことできない」という人が多いと思います。

でも、それで返せなくなったら、売ればいいんです。5年たってローンが返せなくなったら、そこで売る。

ただし、そのとき買った値段と同じくらいの値段で売れるような物件に住んでいることが条件になります。そうすれば、5年間タダで住めたことになるからです。最悪の場合でも、ローンの残債と同じ金額で売れる物件であれば、借金はゼロになります。

そもそも、**価値が下がらないのであれば、借金してでも買ったほうが得なんです。**

たとえば、２０００万円くらいで草間彌生《くさまやよい》の原画を買って部屋に飾るとします。それが5年後に２０００万円で売れれば、タダで草間彌生の絵を楽しめたことになります。フェラーリも同じ。買った値段で売れれば、タダでフェラーリを堪能できることになる訳です。ほかのクルマに比べて維持費や税金が高いですが、それくらいはフェラーリに乗れる価値を考えれば必要経費でしょう。富める人がますます富めるといわれますが、世の中では、実際にそれが現象として起こっているんです。

価値が下がらないものはだいたい高額なものが多いので、多くの人にとっては借金をしないと手に入りにくいものです。でも、必要以上に借金を恐れる必要はないのです。

ほとんどの人は会社に雇われていて、毎月だいたい決まった額の給料をもらっていることでしょう。でも、雇われているうちは、どんなに頑張って働いても給料はなかなか増えていかないものです。そこで、サラリーマンであれば、サラリーマンならではのメリットを生かしながら、資産をつくっていくのがいいと思います。

サラリーマンのメリットは、ずばり信用力です。毎月決まった額の給料が入るので、不安定なフリーランスや経営者よりも借金がしやすい。

普通の人が資産をつくろうとしたら、身の丈にあったものだけにお金をつかっていてはいけないのです。そうしたお金のつかい方ばかりしていると、いつまでたっても価値の低いものしか買えないので、資産は目減りする一方です。

子供ができたのをきっかけにマイホームを買う人が多いと思います。購入の条件として、現在の年収や貯金から将来的にきちんとローンを返せるかどうか。そして、子育てしやすい環境かどうか。職場に通いやすい場所かどうかといった要素が主にあげられるでしょう。

そうした条件も大切ですが、**僕は一番**

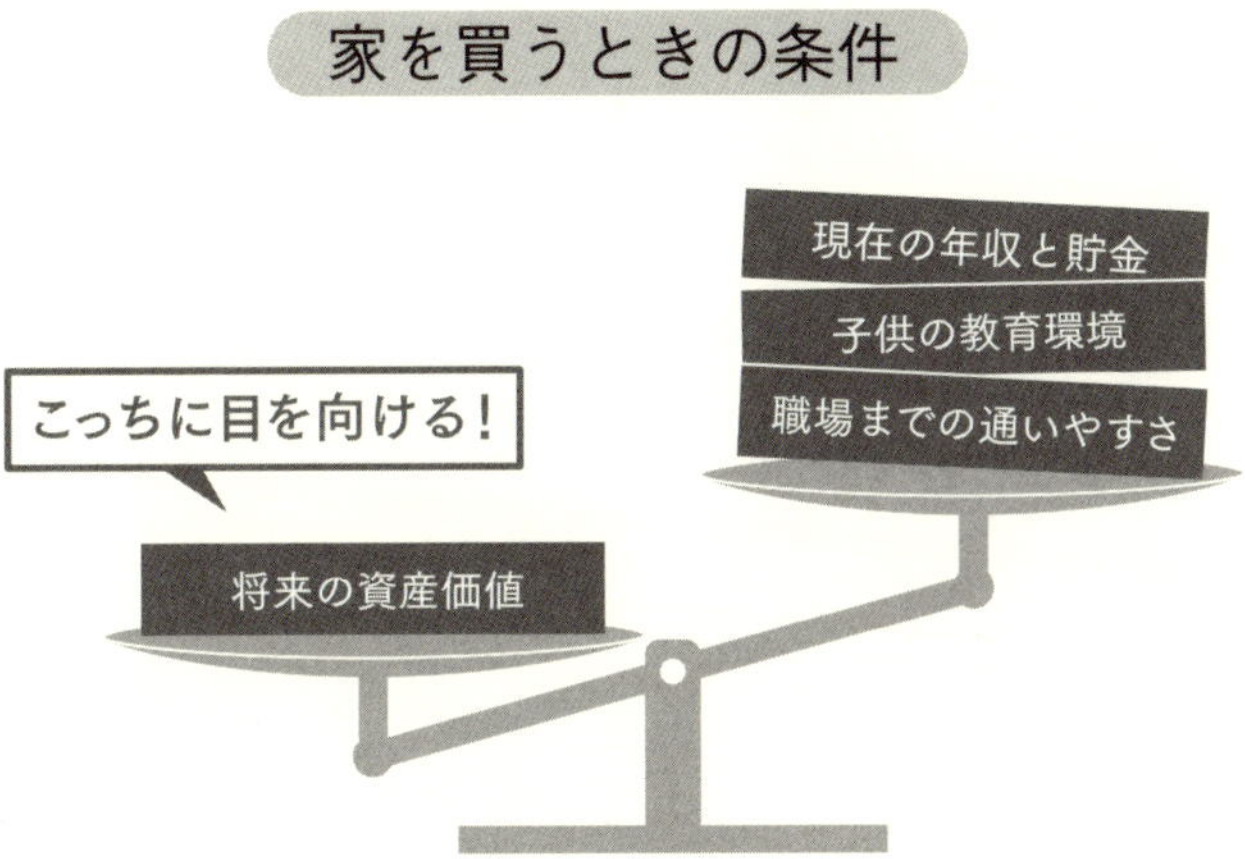

に考えなくてはならないのは、将来的な資産価値についてだと思っています。

買ったマンションや土地が将来にわたって目減りしにくいのであれば、それがゆくゆくはいろんなことの助けになるからです。子供が小さいときに買った3LDKのマンションを20年後、子供の独立をきっかけに売却し、夫婦2人で暮らすのにちょうどいい2LDKのマンションに買い替えるとします。

もし、買った値段とそれほど変わらない値段で売却できれば、20年間分の家賃はほぼタダになるうえ、売ったお金で今より小さいマンションを買っても、おつりが返ってくることになります。これは年金暮らしになる老後を迎える際、かなり心強いことでしょう。

家の購入は投資よりも実需によるものがほとんどなため、購入時の自分にとって一番いい条件で買うので、将来の資産価値についてあまり考えない人が多いと思います。

でも、**家計に占める割合が最も大きいのが家です。資産価値が目減りしない家を選ぶことは、資産をつくっていくには最も合理的なことなんです。**それに気づいていない人が意外と多いと思います。

借金こそが「時間を買える」唯一の方法

以前、これぞ借金の醍醐味という出来事がありました。

僕は趣味でドラムをやっていて、プロの世界で有名なドラマーの山木《やまき》秀夫《ひでお》さんのドラムスクールに通っています。その山木さんのお弟子さんと二人である楽器屋さんに行ったとき、山木さんが使っているのと同じモデルのドラムセットがたまたま置いてあったんです。

そこに店員さんがやって来て、そのドラムが70万円くらいまで安くなってるから「鬼頭さん、これ買ってよ」といってきたんです。でも、家でドラムは叩かないし、どうしようかなと思ったんですけど、結局買いました。それを一緒に来ていたドラマーの彼に、「これ使っていいよ」と貸したのです。

彼は今もそれをつかっているんですが、**「やっぱり、楽器は借金してでもいいものをつかったほうがいいですね」**というんです。

それはどういうことか。

いい楽器はなにより、音が全然違うんです。お金を出して買っただけで自分が出している音が格段によくなる。3年間必死で練習していい音が出るようになったというのじゃないんです。買った瞬間にいきなりいい音が出る。これっていくら練習しても出せる音ではないんです。

でも、借金するのは嫌だからと70万円貯めてから買おうと思って、毎月3万円ずつコツコツ貯金していったら、そのドラムセットが手元に来るまでに2年くらい時間がかかります。

これを借金することで手に入れて、金利を入れても毎月3万円ちょっとの返済を2年間続けることで、すぐに手元に届く。**早く手元に届くことで、その間のドラマーとしての評価がだいぶ違ってくることはじゅうぶんに考えられます。**

貯金でも借金でも毎月3万円ずつ支払うことになんら違いはありません。

いいものをつかっていれば、いい音が出る。それが噂になれば、仕事も増える。毎月の返済なんかは、仕事が増えればすぐに回収できてしまいます。**借金をして今すぐ買うことによって得られるメリットは、2年の時間を買うことにあるのです**

お金持ちほど借金をよく好む

お金持ちほど好んで借金をする傾向にあります。

お金がある人があえて借金をするのは、金利がかなり低い現在において、借金は得だと思っている人が多いからでしょう。いざというときのために手元資金を残しておき、借金して買うことでどんどん資産を膨らませている訳です。富める者がさらに富めるのはこのためです。

日銀の金融政策のおかげで、昔に比べてはるかに安い金利でお金が借りられる。こんな時代、かつてなかったと思います。

よく国や企業の借金の額がクローズアップされることがあります。たとえば、ソフトバンクという会社は、さまざまな企業を買収したり、投資したりすることで、有利子負債が10兆円以上もあるといわれています。その数字だけ見ると、途方もない借金をしているように思われますが、買収や投資した会社の株価を見れば、実はそれほどバカげた借金をしている訳ではないことがわかります。それと同じで、普通の年収のサラリーマンが1億円の借金をしたとしても、その1億円で買ったものに1億円の価値があれば、借金は実質ゼロということになるのです。

純有利子負債という会計用語がありますが、これはなにかというと、利子を払っている借金から、手持ちの現預金やお金に換金できるものを差し引いて残った借金のことをいいます。つまり、借金して買ったものが、借金と等価で換金できれば、借金はないに等しいのです。

それだけに普通の人でも目利きに自信があれば、借金をして価値が下がらないもの、価値が上がるものを買っていくことで、資産をつくるチャンスはあるのです。

会社が無借金経営だとほめられます。それと同じで、まじめにコツコツと借金もせずに生活するのが普通の人の正しい姿とされていますが、それではお金持ちとの格差はどんどん広がる一方です。

いたずらに借金を恐れると、人生での大切な機会を逃すことになります。**資産のない人が資産家への扉を開ける唯一の鍵が、借金といっても過言ではないでしょう。**

資産ができたら出口戦略を考える

価値が上がるもの、下がらないもの、下がりにくいものをもてた場合、それを着実に資産にしていくには、出口戦略を考えなくてはいけません。

たとえば、マンションなどの不動産の場合、タイミングよく転売を繰り返すことで、資産を雪だるま式に増やすことができます。

ただし、購入と売却をうまく回転させながら資産を増やすには、相当な目利き力と相場観、そして機動力が求められます。そのため、常に物件をウォッチするなど、腕を磨いておく必要があるのです。

ちなみに、知人から聞いた話ですが、ごく普通の年収の会社員が、数年前に奥さんと共同で東京・恵比寿の新築マンションを買ったそうです。恵比寿といえば都心の人気エリアです。不動産相場が上がっている今なら恵比寿の70㎡のマンションで億を超えることもあるでしょう。いくら奥さんと共同で買ったとしても、けっこう背伸びをした買い物だったと思います。つまり、多額のローンを組んだことが想像できます。

そこに1年ほど住んで売却したところ、購入時より1000万円以上も高く売れたそうです。それを元手に、今度は東京の湾岸エリアである月島のタワーマンションを新築で購入しました。こちらも3年ほど住んで売却したところ、やはり1000万円ほどの売却益が出たといいます。

このように、**転居の労をいとわなければ、数年で簡単に資産を膨らませること**

30代会社員夫婦のケース

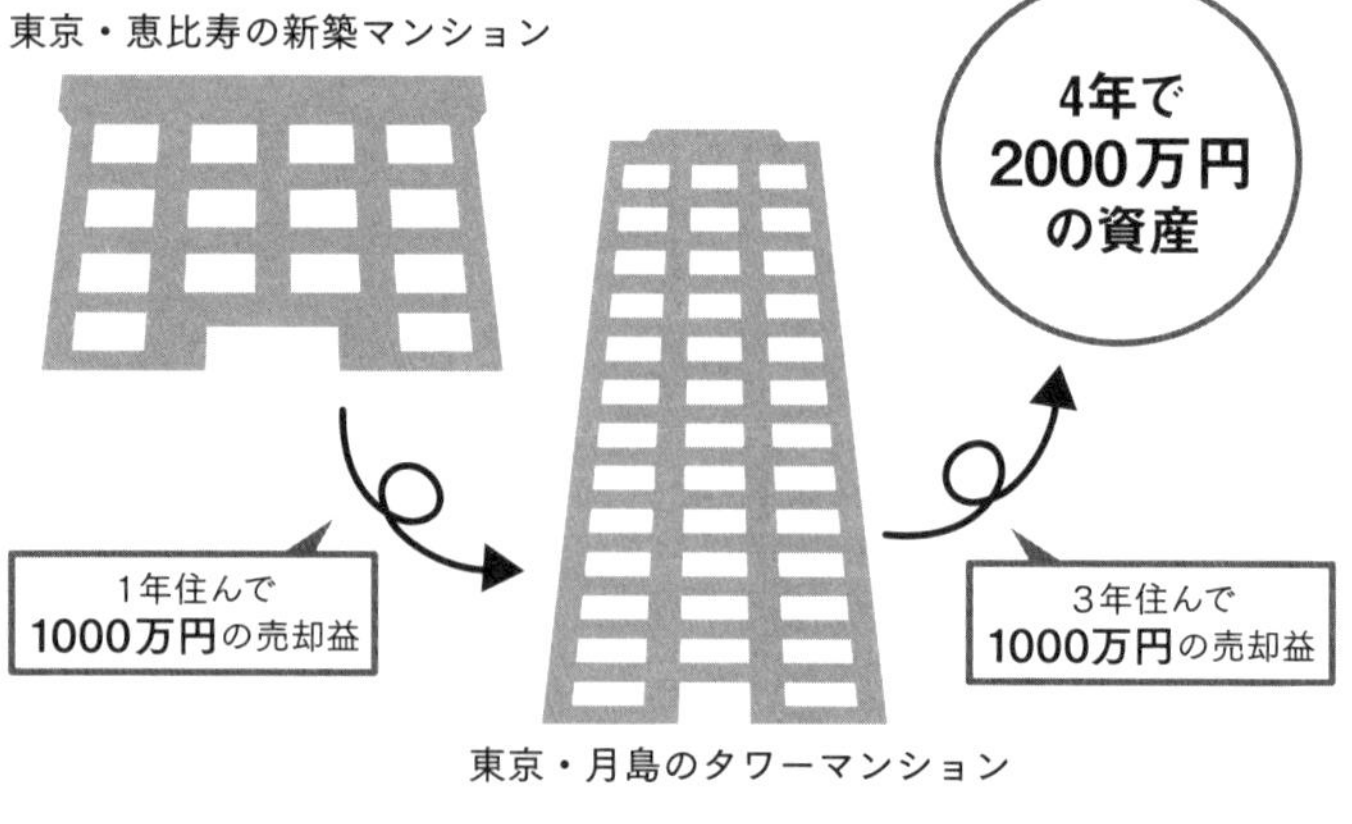

も可能です。

もちろん、住んでいるマンションが価値が下がらない資産で、住み心地がよく気に入っているのなら、無理に転売を繰り返す必要はありません。**5年、10年住んでもそれほど価値が落ちなければ、住んでいる期間の家賃は実質タダになる**ので、損をすることはないでしょう。

同じことが、事業売却にもいえます。

僕自身、過去に会社を売っていますが、まだまだ自分がやれることはたくさんあると思っていれば、売る必要はありません。会社は高く売れるほうがいいですが、事業売却の際は、「売却後、同じ業態の事業を興してはならない」などの条件もありますので、安易に売却すると生きがいを失いかねないからです。

出口戦略は、資産をつくっていくということだけでなく、売ることが自分の人生にプラスになるかどうかなど、総合的に判断することを忘れないようにしましょう。

第3章のまとめ

- 人は「愛されたい」という心に穴が開くと別の形でそれを埋めようとする
- 資産になるクルマは生産台数が少なくて人気があるもの
- 普通の人が資産家への扉を開ける唯一の鍵が借金である
- 借金の醍醐味は時間を先取りできるところ
- 富裕層はあえて借金をして資産を膨らませている
- 価値が下がらないものなら借金してでも買ったほうが得
- 身の丈にあったものばかり買っていたら資産はできない
- 資産ができたら一度出口戦略を考える
- 都心のマンションを転売して資産を膨らます会社員もいる

第4章

お金は人が運んでくる

――お金と人間関係の法則

友人はつくるものではなく、勝手に集まってくるもの

社会に出ると、いろんな形で友人関係に助けられることがあります。なので、**友人も広い意味で資産の一つといえるでしょう。**

僕は会社をやっているので交友関係が広いと思われがちですが、数でいえば少ないほうだと思います。正確にいうと、友人の数は少ないけど、その少ない中で深い付き合いをしている人は多いということになるでしょうか。

自分が成長すればするほど、友人の質というのは変化していくものだと思っています。だから、自分から「こういう友人が欲しい」と探し回っても、思ったようにならないものです。そうではなく、**自分が変わることで周りにいる人たちの顔ぶれも自然と変わってくる**というのが、実態に近いのではないでしょうか。

そういう意味では、**今自分がどんな友人に囲まれているかを確認することが、自分を測る一つのバロメーターになるんです。**最近よく会ってる人たちを見て、勢いのあ

る人が多いのか、そうじゃないのかということが自分を客観的に見るきっかけにもなります。

「友だち100人できるかな」という歌詞があるように、日本では幼少のころから「友人の数」が多いほうがいいという考え方に支配されていますが、果たしてそうでしょうか。そういう先入観を植え付けられているためか、学校に友だちがいない、友だちとうまくいっていないことに思い悩んで自殺までしてしまう子がたくさんいます。

でも、学校という狭い世界で出会った人間関係でつまずいたからといって、思い詰める必要はないのです。たまたま同じ年に生まれ、同じような地域で暮らし、同じくらいの学力があるという固定化された環境の中で、ほんとうに気が合う関係ができることのほうが珍しいんじゃないでしょうか。

仮にそういった友人ができたとしても、その後の成長度合いが異なれば、だんだん疎遠になっていくのが自然な流れだと思います。

大人になればわかると思いますが、社会に出ると世界はさらに広がって、学校では出会えなかったような人たちに出会える可能性がある。でも、それは**そのときの自分**

の状況に合った人が自然と集まってくるものなので、こんな人と友人になりたいと思うよりも、とにかく自分の成長に目を向けていくことが大切なような気がします。

今、周りの経営者を見ていても、意味なくつるんでいる人ってほとんどいません。では、仕事以外でどこで親しくなるかというと、好きなことが共通していたり、同じ趣味をもっていたりする者同士が自然と関係性をつくっていくことが多いんです。最近だと経営者の間でトライアスロンが人気ですが、結構チームに所属しているんですね。すると、所属しているチームや大会をきっかけにいろんな人と親しくなっていく。グルメ好きな経営者だと、グルメ会みたいなのを結成して、あちこちのお店を食べ歩いたりしている。そんな感じでみんな趣味を大切にしています。僕のドラムもまさにそうです。

まず、趣味という目的や活動が先にあって、それが楽しいからそこに集う人たちと友だちになる。そういった形でつながる人はたいてい下心や邪心がなく純粋に集まっているので、それがかえってビジネスにつながったりするんです。

人や情報が集まってくる人間になること

お金は人が運んでくるとよくいわれます。お金が介在するものに仕事がありますが、仕事は人との関わりの中でしか成立しません。人からもたらされた情報や人が仕事やお金につながっていく、これは否定のしようがないでしょう。

ですから、まずは人が寄ってくるような人間になることが、スタートだといえます。**相手にとってプラスの情報や言葉を発していれば、自然と人が集まってきてコミュニティができていく。**

僕自身は、自分よりも経験や実績のある人たちとの関わりによって、有形無形の恩恵をたくさん受けてきたように思います。そうした人たちに近づくのはハードルが高いように思われがちですが、**純粋にその人のことが知りたくてとか、単純に好きだという気持ちで接すると割と受け入れてくれるものなんです。**

特に大物ほど懐が深いので、「こんなにすごい人が自分になんて」と思わないほうが絶対にいいのです。こっちが身構えるほど向こうは構えていないし、少しでも気に入ってもらえたらかわいがってくれるというのが、成功している人たちの特徴だと思います。もちろん、利用しよう、得しようと思って近づくと相手も近づけてくれなくなるものです。そうした下心を察知するからです。

ただ、成功者からなにかを学ぼうとするときに、注意すべきは、**そうした人に対してまず自分からものを申さないこと**。ただ、ひたすら笑顔で話を聞いて、すごいですねとか勉強になりますとかいっているだけでいいのです。

それを自分からもなにかしてあげたい、お役に立ちたいという気持ちから、よかれと思って意見したりアドバイスしたりする人がよくいますが、そういうのってあまり好まれないものなんです。

目標とする人がいると遺伝子レベルでその人に似てくる

なぜなら、相手がこちらの意見なんて求めてないからです。もちろん、意見を求められれば別ですが。

もし買いものに行って、欲しくもないものを店員に無理やり勧められたら、どう思うでしょうか。いくら相手がこちらのためを思って勧めてくれたとしても、自分がそれを求めていないのだから、余計なお世話というものです。それと同じことです。**商売でも人付き合いでも、「相手の求めているものを出す」のが基本中の基本です。**

特に、成功者にはおじいちゃんくらいの年齢の人も多い。おじいちゃんって、基本的に話を聞いてほしい人たちだと思って間違いありません。だから、その希望をかなえるために、こっちはひたすら話を聞く姿勢でいる。ただそれだけで、とても喜んでくれます。すると、どんどんかわいがってくれて、役に立つ情報をたくさん教えてくれる。ポイントは**目を輝かせて、身を乗り出してうなずきながら話を聞くこと。そして、相手がギャグをかましたら、どんなにつまらなくても大ウケしてあげる。**よく聞いてよく笑うこと、たったそれだけでどんな大物も一発で落とせるでしょう（笑）。

僕がちょうど30代になったばかりのころ、毎日があまりにも暇だった時期があり、本を読んだり、著名人の講演CDを聴いたりして過ごしていました。

そんなとき、たまたま竹田和平さんの本を読んで、「この人は、オレの師匠だ！」って直感で思いました。そして、すぐに和平さんに手紙を書きました。ちょうど会社を売却する直前のことです。

なぜ、僕が和平さんを師匠にしようと思ったかというと、ちょうど同じころ、僕は遺伝子学の権威として知られる筑波大学名誉教授の村上和雄《むらかみかずお》さんの講演CDを聴いていました。その中で、村上さんはこんなことをおっしゃっていたんです。

「憧れの人や目標とする人をもつと、その人に近づいていく」

自分もこうなりたいと思うような人物を脳内で常に意識していると、遺伝子レベルでだんだんその人に似てくる。そういうことが科学的に証明されているそうです。

それで、僕の目標となるモデルを探した結果、「この人なら！」と思えたのが和平さんだったのです。

和平さんは、日本有数の大投資家なのに僕みたいな庶民でも親近感が湧く人柄です。同じ名古屋人という共通点もあります。そんな和平さんにぐいぐい惹かれていき、その結果、僕は30代の師匠としてターゲットを和平さんに絞りました。

手紙を書く際には、直近の著書やインタビュー記事などを片っ端から読み込んで、和平さんのことをくまなくリサーチしました。

どんな人なのか、どんなことに関心をもっているのか。そうして、「この内容なら、絶対に返信が来る」と確信がもてるような手紙を書きました。もちろん、面識などありませんから、いちファンとしてのいわば「ファンレター」です。返信が来るあてなど、どこにもありません。

ところが、手紙を出した次の日に、僕の携帯に「昼飯でも食おうよ」と和平さんから連絡があったのです。それで昼をごちそうになったのですが、あそこまでの成功者だと、やっぱり警戒心が強いんですね。いろんな人が寄ってくるから、それは当たり前だと思います。だけど、僕はひたすら目を輝かせ、笑いながら和平さんの話を聞き続けました。やがて時間が来たので失礼しようとしたところ、

「俺は鬼頭君が気に入った。金が必要なときはいつでもいってこい。2日あれば、

10億はつくれるでね」

と、初めてお会いしたその日にいわれたのです。しばらくして、また和平さんから驚くような申し出を受けました。

「オレには後継者がおらんで、おまえ、竹田製菓やらんか?」

さすがに丁重にお断りさせていただきましたが、それでご縁がなくなるどころか、一時は毎日一緒に時間を過ごすほどかわいがっていただきました。その中でさまざまな話を聞かせていただき、**和平さんの話が間違いなく今の僕の価値観のベースになっていったのです。**

創業者クラスの大物が心を開く瞬間

僕は会社を売却した後、飲食のコンサルティング会社を設立しました。このとき、飲食店を対象にＤＭ（ダイレクトメール）をバンバン出していました。どんなＤＭかというと、当時、愛知県では万博や中部国際空港などの大型施設の開業ラッシュの影響で飲食業界はどこも求人難でした。僕は、「こうすればいい人材が雇える」という法則を見つけていたので、それを教える情報商材を販売しようと思った訳です。当時は、ちょうどそういう商売が流行り始めていたこともあって、イケる気がしたんです。

インターネットで目にしたことがあるかも知れませんが、とにかくド派手にデザインされ、くどいくらいの宣伝文句が続く、縦長の広告があります。スクロールすると延々と続く広告です。僕はそれを紙で展開しました。

というのは、インターネットで見ている人は、「またこれか」と思うかもしれないけど、年配世代の経営者はあまりパソコンを使わないので、すごく新鮮に映るんじゃないかって思った訳です。

その読みは当たり、開始当初からものすごいレスポンスがありました。地元の飲食業界で、僕は「旗籠家を売った鬼頭君」ということで少し知られていたので、それも幸いしたようです。

そのとき、反応してくださった方の中に、「ステーキのあさくま」の創業者・近藤《こんどう》誠司《せいじ》さんがいました。残念ながら、2015年にお亡くなりになりましたが、当時、近藤さんといえば外食業界の超大物。

あるとき突然、「鬼頭君っている？　手紙くれてありがとう」と近藤さんご本人から電話がかかってきました。DMを送っただけなのに、お礼までいわれちゃったんです。近藤さんのことはテレビで見たりしていましたから、まさかご本人から電話がいただけるなんて思いもよりませんでした。

「ちょっと、あんたすごいな。僕はちょっと胡散臭《うさん》いと思ったんだけど、話も聞いてみたいし訪ねておいでよ」

そういわれて、僕はあえてTシャツと短パン姿で訪ねていきました。初対面のときにそうした格好で現れると怒り出す人がいますが、僕の経験では創業者クラスの大物ほど、その程度のことでは怒らないという感触がありました。だから、近藤さんがどれだけ大物なのかこの目で確かめようと思ったんです（笑）。

近藤さんは僕の格好を見るなり、「おまえ、ほんとに胡散臭いな」とかいうんだけど、怒ったり説教したりはまったくしませんでした。それどころか、話をしているうちにいつの間にか、「おまえはこんなちまちましたことやっとらんと、世界を相手に戦っていけ」みたいなアドバイスをしてくださいました。

話をしたといっても、目を輝かせながら近藤さんの話を聞いていただけですが、さすがに立志伝中の人の話はめちゃくちゃおもしろく、退屈することなくあっという間に時間が過ぎていったのです。

すると、後日、「ちょっと鬼頭君、中華料理の旨い店があるから、一緒に来ない？」と誘っていただいたので伺うと、「僕には後継者がおらんで、鬼頭君、継いでくれないか」って、またもや跡取りのお誘いを受けたのです。

僕自身にジジ殺しの特別なスキルがあるわけではありません。なぜなら、初めて会って深い話なんてできるはずもないからです。

初めて会った人にできることって、せいぜい相手の話をよく聞いて、笑うことくらいです。だけど、そんなシンプルなことこそが、相手に「コイツいいな！」って思わせる唯一にして最大の武器だったりするようです。

求められれば惜しまずスキルを出していく

僕のドラムの師匠である山木秀夫さんは、その世界では「神」といわれるような存在です。本来、とても気軽に話せるような相手ではありません。立場的に僕は一生徒でしかないのですから、それはなおのことです。

では、**なぜこんなに親しくさせていただけるのかというと、僕が自分のスキルを惜しみなく山木さんに提供したからです。**

僕は38歳のときに、ご縁があって山木さんのドラムスクールに通い始めましたが、社長である奥様が僕の仕事のことを知り、「それならぜひ、経営についてアドバイスしてほしい」と頼まれました。

もちろん、憧れの山木さんのお役に立てるならということで、僕は二つ返事でご協力させていただくことになりました。こうして、アドバイスさせていただくうちに信頼してもらえるようになり、山木さんご夫妻と親しくさせていただくようになった訳です。

もともと、僕は中学生のときにドラムを始め、山木さんの存在を知ることになりました。だけど、**僕にとって山木さんは雲の上の人。山木さんとこんなに近くにいられるなんて夢のまた夢だと思っていたのですが、自分のスキルを惜しみなく出したおかげで、直接、さまざまなことを教えていただけるようになりました。**

和平さんのように、企業経営者が相手の場合、僕のスキルが貢献できることはほとんどありません。それは、相手も経営のプロだからです。だけど、山木さんの場合は違います。ドラムのプロに対して経営のスキルを入れていくので、相手に対してものすごく大きな貢献ができる可能性があります。

もちろん、尊敬する山木さんのお役に立てるのなら、いくらでも惜しみなく放出します。すると、相手にも心があるから、普通は「なにかお返しをしたい」と思うものなんです。特に、山木さんのような**ひとかどの人物であれば、絶対に人からもらいっぱなしにはしません。**

こうして、僕は山木さんから福山雅治《ふくやままさはる》さんのコンサートに誘っていただけるようになりました。

それは山木さんが福山さんのライブでドラムを担当されていて、僕の母親が福山さんの熱狂的なファンなのを山木さんが知っていたからでした。福山さんのライブの人気はすさまじく、スタッフですら入手困難といわれているチケットを、山木さんご自身が苦労して入手して、プレゼントしてくださっているのです。おかげで母は泣くほど大喜びするので、僕も最高の親孝行ができています。

贈りものの本質はインパクトを届けることにある

人への感謝は、言葉だけではなかなか表せないものです。そんなとき、自分の気持ちを伝える手段として贈りものに頼ることがあると思います。でも、贈りものほど、頭を悩ますものはありません。ありきたりなものって、あまり喜ばれないからです。

贈りものの本質はなにかというと、自分の想いが伝わるようなインパクトを届けることに尽きます。以前、そんな出来事に遭遇したことがありました。

うちの会社でつけ麺屋のフランチャイズを展開しているのですが、加盟店さんの新規オープンの手伝いに行くと、そこでビックリする光景を目にしたのです。

マンガ『キン肉マン』に登場するキャラクターであるラーメンマンの顔にアレンジされた祝い花が、スタッフルームにでーんと置かれていたのです。ギョッとするほどド目立ちしていて、ひと目見ただけでそれとわかるので、ほかの花の存在がかき消されてしまうほど。「こんなんあるの！」って、みんなが目を丸くしていました。

このラーメンマンの花が、その場の空気をパッと明るくしてくれたのです。あとでスタッフが調べたところ、普通の花もラーメンマンの花も、値段的にはあまり変わらないということでした。

こんな贈りものをされたら、嫌でも忘れられないでしょう。どうせ贈るなら、これくらいインパクトのあるものを贈ることができれば、かなり費用対効果の高いお金のつかい方になると思います。

とはいえ、こんなにフィットする贈りものはそうそうないものです。特に日ごろからたくさん贈りものをされているような人に、ちょっとばかりひねりの利いたもの、たとえば、行列に並ばないと買えないものやレアな限定品を贈ったところで、それほど響かないものです。

そんなときは、**相手への想いをつづった手紙が効果的だったりします**。お金はまったくかかりませんが、その人のことをどんなに想っているかを伝えることにもっぱら心を砕くようにします。そんな手紙を送ることができたら、きっと喜んでもらえるし相手の心に届くものです。

僕自身はものを贈ることをほとんどしないので、手紙を送ることもありますが、食べ歩きがライフワークということもあって、誰かにお礼をするときは食事をごちそうさせてもらうようにしています。

それは贈りものと同じで、相手が食べたいものでなければ喜ばれません。なので、食事に招待して喜んでもらうのにもちょっとした工夫が必要なんです。

たとえば、ただ単に「なにが食べたいですか？」と聞いたところで、ほとんどの人は必ず遠慮するので「なんでもいいです」と答えるに決まっています。

そんなときは、「寿司と中華とイタリアンだったら、どれが好きですか？」と尋ねれば、必ず答えが返ってくるので店選びがしやすくなります。選んでもらったジャンルの中から、最も喜んでもらえそうな店を選べばいい訳です。

また、女の子とデートする場合、飾らない感じの庶民的な子であれば、ベタでも雰囲気のいい店や高級レストランに連れて行けば、高い確率で喜んでくれると思います。逆に、いい店に行き慣れているような子の場合、普段は絶対に行かないようなディープなエリアの立ち飲み屋とかで、ホッピーでも飲ませたほうがワクワクしてもらえるでしょう。

食事の場合も、贈りものの場合も、普段とのギャップやインパクトをいかに生み出せるか。なんでもある世の中で非日常感を味わってもらうことってかなり難しいんですが、**つかうお金の額よりも、とにかく驚かせること、喜ばせることに頭をつかうことが大切な気がします。**たまに外すこともありますが、こうした経験を重ねていくことで、喜ばれ上手になっていくと自分でも思っています。

また、人からごちそうしてもらう場合、おごられっぱなしの人っていますが、そういう人って金輪際誘ってもらえなくなるものです。ごちそうしてくれる相手がいくらお金持ちでも、おごられて当然と思っているようではもうかわいがってくれなくなります。別に見返りを求めている訳ではないんですが、そういうものなのです。

僕もよく一緒に食事をする若い夫婦がいるんですが、「いつもありがとうございます」といって手土産をくれる訳です。ちょっとしたスイーツだったりするんですが、その気持ちが嬉しかったりします。また、女性と食事をするときなど、だいたい先にお会計をすませますが、帰り際に財布を出そうとするしぐさ、ただそれだけで「またごちそうしてあげたい！」と思ってしまうものです。人の気持ちって、それだけ単純なものだと思ったほうがいいでしょう。

お金に好かれる＝人に好かれるであれば、**人に好かれる要素って、いかにその人に「かわいげがあるか」だったりするんです。**

お金のエネルギーを最大限に引き出す

贈りものをしたり、されたりでお金をつかうことは、お互いのエネルギーを交換しているようなものだとよくいわれます。こうしてエネルギーを交換して、それを循環させることで人間関係ができ上がっていくので、一方通行だとエネルギーは循環していきません。

なので、仕事でも恋愛でも友人関係でも、**お金のエネルギーを最大限に引き出すような、生きたお金のつかい方が人生を豊かにしていく**ように思います。

ここ最近でいうと、お金の膨大なエネルギーを発揮したのが、ソフトバンクの孫正義《そんまさよし》社長ではないでしょうか。すでに退任してしまいましたが、後継者候補としてインド出身のニケシュ・アローラ氏をヘッドハンティングした際、165億円を超える巨額の報酬が動きました。これは象徴的な出来事ですが、優秀な人物をたぐり寄せる手段の一つとして、お金のエネルギーは欠かせないものといえます。金払いの悪い経営者のもとに、優秀な人材は集まりません。

でも、お金やもの、スキルって、なかなか上手に人に与えられないものです。

相手の負担にならないように、さりげなくプレゼントすることの難しさというのもあります。それと、特に自分に余裕がない場合、それによって自分が損した得したという、ギブアンドテイクの感情が生まれやすいからです。

でも、「損して得とれ」という言葉があるように、一見得にならないことでも、**ただ単に人の役に立ちたい、感謝の気持ちを伝えたいということを、見返りを求めずにやっていくことがかえって自分にとってプラスになるような気がするんです。**

以前、ある占い師にこんなことをいわれたことがあります。

「あなたは人がいいから損をすることが多い。だから気をつけなさい」

それを聞いて、僕はちょっと疑問に思いました。損をするほど人がいいということは、決して悪いことではないからです。いろんな人が寄ってくれれば、悪い縁だけでなくよい縁も寄ってきます。ということは、そのご縁がきっかけでお金が入ってくるということもじゅうぶんありえるはずです。

いつも損をしないように細心の注意を払うことで、確実に損をしなくなるかもしれないけど、得をするチャンスも逃してしまう訳です。

そもそも、いつも損しないようにするのってストレスがたまるものです。

「この買いものは、ひょっとしたら損じゃなかろうか」

なんていちいち考えていたら、くたびれるだけです。

気乗りしないのなら、お金は出さないほうが精神的にはいいでしょう。でも、**どうせお金を出すのなら、「もっと大きなお金になって戻ってくる」くらいに思って気持ちよく手放したほうが、お金のエネルギーは循環しやすいものです。**

強力なインサイダーが富をもたらす

自分があまり詳しくない業界や分野について、詳しい人、伝手《つて》のある人、その内部にいる人をインサイダーといいます。株でインサイダー取引というと違法行為になりますが、**自分の周りにインサイダーがどれだけいるかが、仕事だけでなく資産をつくったり、生きたお金のつかい方をしていくうえでも重要になってきます。**

大きなものでいえば、価値が下がらない土地の情報をもっている不動産屋さんと、その家のオーナーと知り合い、信頼関係ができたからこそ、僕は優良資産を所有することができました。小さなものでいえば、コスパの高い寿司屋での飲食を享受できているのは、寿司屋に通い詰めている経営者の先輩というインサイダーのおかげだといえます。

ただ、**ちょっと逆説的なんですが、もともと自分からそういうものを求めていなかったからこそ、集まってきたという見方もできます。**友人と同じですが、情報も自分のレベルに合わせて必要なものが勝手に集まってくるように思います。

僕の場合、和平さんにしてもそうですが、純粋に相手が好きでアプローチしただけで、相手になにかを与えてほしいという下心はありませんでした。ただ、話を聞くことができたら、自分が成長できるという想いだけだったのです。

もし、最初から「ビジネスに有利な話を聞き出してやろう」とか、「株で儲かる話を聞き出してやろう」みたいな下心で近づいたとしたら、そういうのはすぐに相手にバレてはじかれてしまうと思うんです。純粋な気持ちで接していたから、パッと懐に入れてもらえたという気がしています。


富を得たいのであれば、いったんその欲を捨てること。実は、それが富を得る最短距離だったりするんです。だから、僕も相手になにかお願いごとをしたことはありません。

もし、僕が誰かにお願いごとをするときは、僕がほんとうにどん底まで追い込まれたときだと思います。でもきっと、どん底に落ちる前にうまくアシストしてくれる人が現れてくるものです。いい人間関係というのは、得てしてそういうものではないでしょうか。

ちなみに、人と接するときは深く考えすぎないこともポイントです。「人懐っこくいったほうがいいだろうか」「あんまりなれなれしいのも軽薄に思われないだろうか」と考えを巡らすのって無意味なんですね。戦略的にやると、かえって緊張してボロが出やすいので失敗します。あれこれテクニックを駆使しようとせず、自然体で素直にただ話を聞けばいい。それだけで、どんな相手ともたいていうまくいくものです。

第4章のまとめ

- 自分が変わることで周りの人たちの顔ぶれが自然と変わってくる
- 年上から学ぼうとするならひたすら笑顔で話を聞くこと
- 目標とする人を脳内で意識していると遺伝子レベルでその人に似てくる
- ひとかどの人物ほど人からもらいっぱなしにしない
- 贈りものに困ったときは相手への想いを込めた手紙が効果的
- いくらお金をつかうかということよりとにかく驚かせること、喜ばせることに頭をつかう
- 見返りを求めずにやることがかえって自分にとってプラスになる
- 富を得たければその欲を一度捨てること

第5章

運は日々の積み重ねでよくなる

素直な人ほど運がいい

〝人に好かれる人ほど、お金に好かれる〟というのは、成功者や経営者など誰に聞いても間違いがない法則のようです。

では、どうすれば人に好かれるのか。前章でお話しした「かわいげのある人」になることのほかに、**もう一つ大事な要素が、「素直になれる」かどうかです。**つまり、人の話を素直に聞いたり、自分の気持ちを素直に伝えたりできることをいいます。

でも、それは意外と難しいことのようです。あるとき、うちの事業であまりうまくいっていない加盟店さんとの会話の中で、彼がこんなことをいってきたのです。

「自分は素直になれないので、損してると思う」

僕にとって損とは、100％あるものが80～90％に目減りした状態をイメージしているんですが、彼が実際に被っているのはその反対で、80～90％も損しているようにしか見えなかったのです。90％も取りっぱぐれているなんて損どころじゃなく、致命傷でしかありません。

うちの加盟店さんを見ていても、**素直な人はだいたい成功しています。**「こうやってやるといいよ」とアドバイスしたことを、「はい」といってすぐにやれる人。僕らだってこれまで経験を積み重ねてきて、ある程度、うまくいく法則が見えているからこそ、アドバイスをしているわけです。誰もが「こうしたらいいんじゃない？」って思いつくようなことは、とっくの昔に全部トライして失敗してきてるんです。

だから、**アドバイスを素直に聞き入れてすぐに実行できる人は無駄がないし、失敗もしにくい訳です。**それを、「そうじゃない」とかいってあれこれ自分流にやり出すと、だいたいうまくいかないものです。結局、素直な人のほうがうまくいくので、「あいつは運がいいだけ」といわれがちなんですが、そうではない。素直だから事がうまく運んで、その結果、運がいいように見えるんです。

だから、素直でない人には、とにかく「性格を直せ」ととことんアドバイスします。「そのもらいの少なさは、損のレベルを超えている」と。もともとの性格もあると思いますし、大人になるとなおのこと、急には素直になれないものかもしれません。だけど、素直になるのは努力でどうにでもなることなんです。

富のイメージを潜在意識に刷り込む

うちの実家は1階でスーパーマーケットを営み、2階と3階で家族が暮らしていました。なので、学校に行こうとするたびに両親と顔を合わせていたんです。

大学生のとき、学校のある日に朝1階に降りていくと母が僕に1000円を手渡すのが習慣になっていました。別に僕がねだった訳ではありません。大学生にもなると、それなりに小遣いが必要だろうという親心だったと思います。

うちの母親はもともと気風《きっぷ》がよく、特に要求しなくてもパッと小遣いをくれるような人です。僕もなんら疑問を抱くことなく、毎日それを受けとって学校に行っていました。ところが、あるとき、その光景を見ていた従業員が、「教育上よくない」、「あんなに簡単に毎日1000円も渡していたら、あいつのためにならない」みたいことをいう訳です。でも、そういわれても母親は小遣いをくれるのをやめませんでした。

当時、僕は「小遣いがもらえてラッキー」くらいにしか思っていませんでしたが、今になって思うと、ものすごくありがたい体験をさせてもらっていたんだと感謝しているんです。

なぜそう思っているかというと、毎日もらっているといっても1日1000円で、学校のある平日だけです。1カ月20000円程度の小遣いは、当時の大学生としては特別多い訳ではありません。でも、ああやって**毎日お金を手渡されていたおかげか、自分の中で「お金に困る自分」というイメージが一度も湧いたことがないのです。**

実際、ビジネスでもプライベートでも、お金のことでどん底を経験したことはありません。必要なお金は常に入ってくるし、それが尽きる気配もない。会社の経営が苦しい時期はありましたが、お金がなくて生活が立ち行かなくなったこともないし、借金で首が回らなくなったこともない。

これはあくまで推測ですが、**毎日のようにお金を手渡されていると、お金が無限に入ってくるというイメージが潜在意識に刷り込まれていって、実際、その通りになるのではないかと。**だから、「大人になって困る」と従業員が心配したのとは逆の現象が起こっているんだと、今では思うようになりました。

月に一度20000円を手渡すか、毎日1000円を手渡すかの違いですが、その違いが自分のセルフイメージに与える影響は段違いなような気がします。母はそんなことは意識せずにやっていたようですが、もしお子さんがいるようなら、一度にお小遣いをあげるのではなく、少しずつでも毎日あげるというやり方を試してみる価値はあると思います。

マネすることで自分に「勢い」をつける

お金持ちは長財布をつかっているとか、財布の値段の200倍が年収になるとよくいわれています。楽に金運を上げる方法って世の中でニーズがあるから、話としてはありだと思います。

ただ、あまり真に受けないほうがいいでしょう。なぜなら、世の中を見渡してみて、そうなっていない人のほうが圧倒的に多いからです。

ただ、僕も知り合いの占い師が教えてくれた、「お財布占い」というのにハマったことがあります。それは、もともと長財布と折財布のどちらをつかっていたかで、その人のタイプがわかるという占いです。

その占いでは、福を人に分け与えたほうが幸せになれる「分福タイプ」と、福を貯め込んだほうが幸せになれる「積福タイプ」の2つに人は分類されます。もともと、「分福タイプ」の人は福を貯め込みやすく、「積福タイプ」の人は人に振る舞いすぎてしまうという性質があるそうです。

そして、分福タイプの人は長財布を、積福タイプの人は折財布をつかっている傾向が強かったといいます。また、押しが強くてよくしゃべる人はだいたい分福タイプ、おとなしくてあまりものをいわない人は積福タイプの確率が高いそうです。

この占いからすると、和平さんをはじめ、己の力でのし上がってきた人に分福タイプの人が多く、その人たちが長財布をつかっていたんじゃないかと思うんです。つまり、こうした**一代で財を築いたようなお金持ちが長財布をつかっていることが多いことから、「長財布をつかうとお金持ちになれる」といわれているのではないか**というのが、僕の結論です。

だからといって、豊かな人のマネをするのは意味がない訳ではありません。むしろ、**そうした人たちの見た目や行動をマネすることが、自分に「勢い」をつけるきっかけになる**と思っています。

自分に勢いが足りないと感じたときに、いい洋服を着て高級ホテルに出向くのもいいでしょう。雰囲気のいいレストランで普段はめったに食べられないようなコース料理を楽しむのは、自分に勢いやパワーをつけるためには大いにありだと思います。

結局、人間って幅が必要なので、**いつもは質素にしていても、ときにはいいものを買ったり、雰囲気のいいところに身を置いたりする経験が、価値のあるものを見極める際に効いてくるんです。**

普段、身を置く空間や身に着けているもの、付き合っている人の影響って、知らず知らずのうちに自分に刷り込まれていくものです。和平さんは若いときから、なるべく一流のものに触れるようにしてきたとよくいっていました。

でも逆に、普段、高級店ばかり行くのもつまらないと思うんです。それにいいものばっかり食べているとたいてい体を壊すものです。なので、家で質素なご飯も食べるし、**立ち飲み屋にも行くし、３つ星レストランにも行く。ユニクロも着るし、アルマーニも着る。両方楽しめるということがとても重要だと思うんです。**

消費の幅を広げることで、人間の幅が広がり、より広い交友関係をつくっていけるようになるものです。

日本一の投資家が教えてくれた「金運アップ法」

僕は竹田和平さんにいろんなことを教えていただきましたが、**和平さん自身が普段からやっていた金運アップ法が、「財布に大量の現金を入れておく」**というものでした。

なぜ、それが金運アップにつながるのか。

お金は財布に仲間を連れてくる習性があるので、たくさんのお金を常に財布に入れておくことで、お金がなくなるどころか増えていくというものです。お金をエネルギーと考えるなら、そうすることでお金のエネルギーを財布に充満させることになるのでしょう。

その話に妙に納得したので、僕も早速財布に100万円を入れてもち歩くようにしました。ところが、しばらくすると財布に万札がほとんど残っていないんです。なので、「なんだよ、効果ないなぁ」と思ってやめてしまいました。

でも、その後、ちゃんと効果らしきものがあったんです。

僕はもともと、財布に3万円程度しか入れていませんでした。ところが、短期間ですが１００万円を入れていたせいか、それをやめた後でも、財布の中に常に40～50万円くらい入ってないと落ち着かなくなったんです。

ほとんどの人は、「財布にたくさんお金を入れるとついつかってしまう」という気持ちが働いて、なるべく財布にお金を入れないようにしていると思います。でも、**財布にお金がたくさん入っている人に、貧しい人はいない**はずです。

卵が先か鶏が先かみたいな話になりますが、**先に財布にお金をいっぱい入れておいて、財布に「勢い」をつけることで未来を引き寄せる。**逆に、それなりの収入があるのに、財布に万札が数枚しか入っていないのは、先細りの未来をわざわざ自分で引き寄せているようなものかもしれません。

ゲンはなるべく担がない

少し前に著名なプロドラマーの方が、こういっていました。

「ゲンを担ぐと、担ぐ対象がなくなった途端に調子が崩れる」

どういうことかというと、バナナを食べた日に、いつもよりいいパフォーマンスができてライブが大成功したとします。それをきっかけにゲン担ぎとして、ライブの度にバナナを食べるようにしたところ、ある日、バナナを食べ忘れていたことにライブ中に気づいてしまった。気づいた瞬間から調子が狂い始め、ボロボロになっていくというものです。

実際に、その方にこうしたことがあったそうで、そのときに「ゲンを担ぐってマイナスだな」と思い、それ以来一切ゲンは担がなくなったといいます。

これと同じようなことですが、もし「折財布をつかったら貧乏になる」みたいなマイナスな思い込みがあるなら、最初から財布の形状なんて気にしないほうがいいと思うんです。だって、どんな財布の人でも、お金持ちになれる可能性があるのに、マイナスの思いに引っ張られてもいいことはないからです。

もちろん、**お遊び程度に面白がってゲン担ぎをするならまったく問題ないんですが、それが変な強迫観念を生むようなら、初めからやめたほうがいいでしょう。**

自分のパターンを変えると運は開ける

日々生きていると、ちょっとツイてないと思うようなことや、イライラするようなことが続くことがあります。

こうした好不調の波を上下させるのが、その人の心や体、お金、仕事、家族や友人関係などのコンディションではないでしょうか。なので、なるべく調子のいい状態をキープするには、コンディションを整える必要があります。そして、この**コンディションを整えるためのヒントが、パターン化された自分の思考や行動にあるのです。**

昔、ソビエト時代にゲオルギイ・グルジェフという研究家がいました。生涯にわたって人間の真理を追究した人で、膨大な研究の結果、彼はこんな結論を導き出しました。

「人間はロボットである」

つまり、**ほとんどの人間が、ロボットのように決まったパターンに支配されて生き**

ているというのです。

確かにそうかもしれません。ストレスがたまると、キャバクラに行く回数が増える。高額な買い物をしてしまう。仕事につまると、部下に強くあたってしまう。という具合に、無意識に同じ行動パターンをとっていることがあります。

人間にとってパターン化された状態はとても楽なので、無意識のうちにそのパターンにはまってしまっているもので、ほとんどの人はパターンに支配されていることに気づいてすらいません。

僕の場合、調子が悪いときはだいたい食べすぎていることが多いように思います。ストレスがたまると、無意識のうちに食べることでストレスを解消しようとするパターンに支配されていたのです。

食事は消化吸収にエネルギーを費やすので、食べ過ぎると頭がボーッとしたり、集中力が途切れたりします。過食が続くと症状はますます悪化するので、どこかでそのパターンを断ち切らなければいけない訳です。

金運が悪いときは、金回りが悪くなるような消費パターンにはまり込んでいる可能性があります。そんなときは明らかに「飲み代が多い」「買い物のしすぎ」といった偏りがあるかもしれません。そのパターンから抜け出すには、「なぜ、自分はこんなに飲み歩いてしまうのか」「どうしてショッピングがやめられないのか」という真の原因を特定し、そのパターンから抜け出す必要があります。

ほかにも、会社や学生時代の部活などで先輩からされたひどい仕打ちを、気づいたら自分も部下や後輩にしてしまっているみたいなこともよくある負のパターンです。もっと深刻なのは、子供のころから続く殺伐とした行動パターンに気づかずに人生を棒にふってしまっているケースです。たとえば、家庭での虐待は繰り返されるといわれています。子供を虐待している親は、自分自身も子供時代に虐待された経験があって、それが連鎖しているというのもパターンだといえます。

負のパターンを克服するには、自分を客観視しパターンを見つけ、それを乗り越えていくしかありません。

僕自身、会社の危機を自分の思考や行動パターンを見直し、方向転換することで何度も乗り越えてきた過去があります。事業には波がつきもので、特に急成長すると必ずどこかでひずみが出てくるものです。そんなときは一度、**自分のパターンを変える**

こと、壊すことで、沈むことなく状況を反転させられるものです。

逆に、**調子がいいときはそれをキープするためにも、舞い上がりすぎないことも大事です。**

「勝ちにおごらず、負けにひるまないこと」

いつでも冷静になすべきことを淡々とやっていく。運の波に飲み込まれてしまわないよう、いい運をキープしていくためにも必要なことだと思います。

40歳を過ぎたら絶対に小食がいい

僕の場合、食べすぎによってコンディションがすこぶる悪くなるという話をしました。なので、最近はずっと1日1・5食程度にしています。試食する機会がけっこうあって、そういうときはだいたい食べすぎてしまうので、普段はなるべく食べないようにしているというのもあります。

空腹だと頭がとても冴えてきます。それに集中力がつくし、眠くならない。不思議とやる気も覇気も出てきます。それに、以前より格段に体調がいいし、なによりヤセて太りにくくなりました。

ただ、僕はおいしいものを食べ歩くのが好きなので、朝は食べずに、昼は軽めにして夜に集中して食べるようにしているのですが、これが自分にとってベストなパターンになりつつあります。

サラリーマンだと、外回りの営業マンでない限り、お昼の時間はだいたい決められていると思います。そのため、**たいしてお腹が空いていなくても、なんとなく習慣で食べているという人も多いのではないでしょうか。**

食事をすると急激に血糖値が上がるのでとたんに眠くなります。なので、昼食後の午後の仕事ってはかどらないものです。

そのため、**一日のうちで最も仕事に集中すべき時間帯に食事をとるかとらないかで、仕事のパフォーマンスはだいぶ違ってくるものです。**

運をよくしていくには、まず自分のコンディションを整える必要があります。心身のコンディションが落ちていく40歳からは、小食が絶対にオススメです。なぜなら、心と体は密接に関係しているからです。

筋トレは人生を変える

ここ2年ほど、週に2~3回は筋トレをしています。これも小食並みにオススメです。シックスパック（腹筋が6つに割れた状態）になりたいというのもありますが、本来の目的はそこではありません。

会社を経営するには闘争心が必要なんですが、僕は普段おとなしくて血気盛んなほうではないので、**アドレナリンを出すために筋トレをやっているところがあります。**実際、筋トレをすると、めちゃくちゃアドレナリンが出てくるんで、僕みたいなタイプは特に効果を実感しやすいんです。**体力、スタミナもついてくるので、疲れにくくもなります。**

筋トレをしていると、グワーッとテストステロン（男性ホルモン）が放出されるような瞬間があるんです。

そんなときに、今期の目標とかを自分に刷り込んでいくと、不思議なことにそれが

達成されやすくなります。

たとえば、資産1億円をつくりたいのなら、ノートに資産をつくるまでの行動を書き出しておいて、筋トレしてテストステロンが出たときにノートに書いたものを自分に刷り込んでいけば、かなりの確率で達成できるんじゃないかと思います。

僕は走るのが嫌いなのでやっていませんが、いろんな経営者を見ていると、頑張っている人ほど、筋トレかマラソン、どっちかはやっていますね。やっぱり、頑張る人はなにに対しても本気で取り組むし、頑張らない人はなにに対しても頑張らないからじゃないでしょうか。

目標を達成するためには、達成するまで努力を継続しなければなりません。筋トレをすることで集中力の高い状態をつくり出すことができるので、目標達成意欲をキープしやすいのです。僕自身、その効果をかなり実感しています。

成功するための絶対条件

いろんな方から話を伺っていると、成功者にはおおまかに二つの条件が備わっているようです。

一つは得てしてみんな性格がよく、その性格のよさがいろんなことを引き寄せているということ。意地が悪くて成功し続けている人って、ほとんどいない気がします。

僕の会社では結婚相談所もやっていますが、そこでおもしろい法則が見えてきました。

それは、女性の場合、結婚相手に求める条件として「性格がよければ、どんな男性でもかまいません」と本気で思っているような人ほど、僕らもビックリするような好条件の男性に見初められるというものです。そうした女性は特別美人という訳ではありません。では、彼女たちのどこに男性が惹かれるのかというと、見た目よりも人間性にあります。童話の「舌切り雀」みたいな話ですけど、実際にそういうケースがたくさんあることがわかってきました。

経営者でも打算的にあれこれ動いているような人ほど、うまくいっていないように思います。

不動産や株のように、あまり人が介在しない分野であれば、人間性と成功の関係は薄いかもしれません。それが**人間関係が絡む事業の場合、本人の性格がよくないと絶対にうまくいかないんです。**

自分のレベルは据え置きなのに、「あれも欲しい」「これも欲しい」という欲求ばかりの人って、結局なんにも手に入れられない。だけど、**自分のレベルを上げていけば、求めなくても自然と必要なものが集まってくる。**より多くを求めるのなら、自分を高める必要があるんです。ある意味、それができれば欲しいものを手に入れられるのではないでしょうか。

二つ目は、決断が早いこと。「結婚は勢いがないとできない」とよくいわれますが、事業も即断即決でババッと進めなければならないときがあります。

ちなみに、**即断即決したときの脳は全体の利益を考えているそうです。一方、熟慮**

しているときの脳は自分の利益だけを考えているんだそうです。

僕はもともと、即断即決できる人がすごく好きなんですが、それは「利他の精神」がそこに感じられるからでしょう。「一度もち帰って考えてみます」といっているときほど、自分の利益をネチネチ考えているものだと客観視できるんです。

でも、即断即決ができるからといって、１００％確信をもって決断できるものではありません。なにかを決断するときって、だいたい20～30％くらいでしか確信がもてない。そんなときに即断即決できる勘を、日ごろから磨いておく必要があるように思います。

第5章のまとめ

- 人から好かれるには「かわいげがあること」「素直であること」
- 素直な人は行動に無駄がなく失敗しにくい
- 子供に小遣いをやるなら月1回ではなく少額でも毎日渡すこと
- 普段は質素にしていてもいいものを買ったりする経験は大切
- 大量の現金を入れて財布に「勢い」をつける
- ゲンを担ぐならお遊び程度にやること
- 調子が悪いときは自分の行動パターンを変える
- 小食にすると仕事のパフォーマンスが上がる
- 筋トレをすると目標や願いが実現しやすくなる
- 成功し続けている人に性格の悪い人はいない
- 即断即決したときの脳は全体の利益を考えている

第6章

資産家の素顔

——なににお金をつかっているのか

好きなことにしか大金をつかわない

だいぶ前のことになりますが、和平さんたちと食事をしているときに、一世を風靡《ふうび》した有名ファンドマネジャーの話題になりました。

ある人が、そのファンドマネジャーの方がある案件に対してお金を出し渋っていたというエピソードをもち出して、「金持ちなら、ケチケチせずに気持ちよく金を出せばいいのに」と少し批判し始めたのです。

すると、和平さんがこういいました。

「人によってワクワクするポイントは違うから、あいつがその案件にお金をつかわんかったのは、それにワクワクせんから出さんかっただけ。ケチなんじゃないんだわ」

その話を聞いて、なるほどともののすごく納得しました。

「お金持ちはケチだからこそ、お金持ちになれた」とよくいわれますが、実際は単にケチというのとは違います。

これは和平さんがいっていたように、**自分がワクワクすることに対してはいくらで**

もお金をつかう一方、自分が興味のないことには1円たりともつかわないというのが真意ではないでしょうか。お金持ちほど、その線引きがハッキリしているのです。そもそも、お金持ちはその人なりの「お金の原理原則」というものをもっているものです。

そのレベルの人になると、世間体を気にすることも見栄を張ることもなく、自分を貫くものです。だから、余計にケチに見えてしまうのかもしれません。

ある知人の話ですが、その人はフェラーリを所有しているものの、あまり目立ちたくないというのもあって、普段は古い国産車に乗っています。フェラーリはドライブを楽しみたいときだけこっそり乗っているそうです。

ガチなお金持ちだと、そういったことにもこだわらない人が多いように思います。

ある上場企業の創業家の方は、会社の経営から退いたことで運転手付きの送迎車がつかえなくなったため、自分で運転するためのクルマを買いに行ったそうです。そのとき買ったクルマが、カローラだったのです。

ゆうに100億円を超す資産があって、配当金も毎年3億円は入ってくるような人ですが、フェラーリとかロールスロイスとかそういう次元を超えていて、ほんとうにこだわりがないんです。

ちなみに、和平さんも自分のこだわり以外のことにはほんとうに無頓着でした。クルマは小さいベンツを自分で運転していたし、普段の食事も意外なほど質素。いつだか、「日本一有名なレストランに連れて行ってやる」というので、ついていったらデニーズだったこともあります（笑）。

では、どういったものにお金をつかっていたかというと、和平さんは1着60万円くらいの作務衣《さむえ》を何着ももっていたんですが、そんなに高価なものだってわかる人はほとんどいません。伝統的な絹織物を文化として残すために、和平さんはそんな高価な作務衣をつくっていたのです。

興味のない人からすると、なぜ、そんなところにお金をつかっているのかが理解できないでしょう。でも、そこが和平さんのワクワクポイントなんです。**自分が好きなものだからいくらでもお金をかけられるものなんです。**

物事は自分に都合よく解釈すべし

起こった出来事には、必ずプラスとマイナスの面があります。和平さんを見ていると、**たとえ自分にどんなに嫌なことが降りかかっても、すべて自分に都合のいいように解釈したほうがうまくいくと思えてきます。**

たとえば、誰かに裏切られるようなことがあっても、和平さんは平然とこういうんです。

「そうしたほうがいいと天が判断したから、俺からあいつを引き離したんだわ」

裏切られたことだけにフォーカスすると腹が立つだけで、怒ったり悔しがったりしてもプラスにならない。

でも、**起こったことはすべて自分にとってプラスの出来事だと解釈できれば、和平さんのようにいつも上機嫌でいられるし、その人柄でますます多くの人から好かれる**んだと思います。それがすなわち、より多くの富を引き寄せることにもつながるのでしょう。

なにかに失敗したとき、ただそれを反省して次に生かそうとするならいいでしょう。でも、真面目な人にありがちなのがその失敗で自分を責めたり、いつまでも引きずってマイナスな思いを持ち続けることです。**たとえ自分の過ちで招いた失敗であっても、いつまでもそのことで悩み続ける必要はありません。マイナスな思いをもち続けて、いいことなんて起こりようがないからです。むしろ、それを自分に都合よく解釈したほうが、何事もきっとうまくいくはずです。**

世の中で起こったことは、なにが自分にとってプラスで、なにがマイナスかはわかりません。

それはお金も同じだと思うんです。財布からお金を出す時点では「無駄なお金だ」と感じていても、それが後で何倍も大きくなって戻ってくることは珍しくないからです。

竹田和平さんの投資の極意

和平さんといえば、日本有数の個人投資家として有名でしたが、いつも株で儲かっていた訳ではありません。普段から「下がってよし、上がってよしの株価かな」といっていた和平さんでさえ、リーマンショックで逃げ損ねたときはいつもと様子が違っていました。

暴落はあと2年くらい先まで来ないと構えていたら、思っていたより早く来たので逃げられませんでした。当時、和平さんは出来高の少ない小型株しかもっていなかったので、持ち株を売るのに半年くらいかかってしまいます。そのため、思いっきり暴落をくらっちゃって、持ち株がピーク時の半値くらいまで下がってしまったんです。

しばらくして、アベノミクスで相場が上がっているときにお会いしたら、今度は「10年に一度の儲けるチャンスが来た！」とノリノリでした。

前は「俺は小さい会社を応援するために生まれてきた」っていってましたが、アベノミクス相場では大型株に乗り換えていたんです。

でも、そういう**変わり身の早さって、このスピードの速い時代は特に大事なんです。前にああいうことといっちゃったからと和平さんは一切考えない。いい意味で空気を読まないんです。**

和平さんの投資法は、会社四季報で会社の財務状況などを見て買っていたといわれています。この場合、その会社が今解散したとして、あらゆる資産を売りさばいたときの1株当たりの資産が、現在の株価より高いかどうかがわかるPBRという指標を見て判断する。そういう買い方なんです。

でも、実際はそれだけではありません。

あるとき、ホンダのアシモというロボットのCMを見た和平さんが、「これからはセンサーの時代だ、ロボットはセンサーで動いているから」といって、たまたま安く売られていた日本マイクロニクスという会社の株を買い、かなり大儲けしたと伺いました。

そんなノリで、ものすごくざっくりとした視点で買っていたりもしたんです。でも、**今の時代こそ、大局的にものを見てノリよく実行することが大事な気がします。**

　このように、和平さんが株で資産を築いていたのは、相場全体がだだ下がりしているときに、安く買いたたかれた優良企業を爆買いしていたからなんです。それを上がるまで、じーっと待って高くなったところで売る。細かい企業分析ではなく、非常に大きな視点で投資をしていたのです。

　ソフトバンクの孫正義さんも将来を見据えて大きな視点で投資をしています。たとえば、中国が爆発的に伸びているので、中国のＥＣサイトも伸びるはずだと考えた。そこで、上場前のＥＣサイト大手のアリババの創業者、ジャック・マーさんを発掘して投資しています。

　中国の成長が伸び悩みを見せ始めた数年前からは、インドへの投資にも積極的に力を入れています。孫社長がニケシュ・アローラ氏を副社長として迎え入れたのも、彼にインドへの投資を主導してもらうことを前提としていたからです。結局、アローラ氏は退任しましたが、これが意味するところは、インドへの投資がほぼ完了し、アローラ氏への巨額報酬の元はじゅうぶんに回収できたということかもしれません。

　その後、将来のＩｏＴ（もののインターネット化）を見据えて、所有するアリババ株などの売却益を元手にイギリスの半導体メーカー、ARMホールディングスを買収しました。

成功者は「木より森のほうがエネルギーが大きいこと」を知っているのではないでしょうか。

いちばん資産がつくれるのは中小企業のオーナー

日本では、10億円以上の資産をもつ超富裕層の3分の2が企業のオーナーで、その次が開業医だといわれています。

しかも、**その企業オーナーの多くは、中小企業のオーナーで、「年商3億円規模のニッチ製造業」の経営者が多いといいます。**市場規模が3億円程度しかない、特殊な部品や機械などを製造する会社です。

市場規模が3億円程度というと、大手にとっては屋台骨にはなりえない利益しか出ないので、市場が小さすぎて参入してこないのです。

その点、社長と社員数人だけの中小企業なら、大企業のように広いオフィスを借りたり、ビルをもったりする必要もありません。余計な経費がかからないので、売り上げがそれほど大きくなくても、会社はじゅうぶん回っていくのです。

しかも、そうした需要の小さい市場を1社で独占できれば、ものすごい利益が上げられます。なぜなら、たとえば1台2～3万円かけて作った機械を、30万円で販売することが可能だからです。**ある特定の市場を独占していれば、価格競争が起こらないので、自由に値段が設定できる訳です。**

このように、市場が独占できれば、利益率をうんと高くすることができるのがニッチ製造業のメリットです。営業マンがいなくても勝手に売れるため、人件費もかからず、最も手残りがいい商売といわれています。

年商3億円規模とはいえ、その市場を独占するには、他社が入り込めない独自の技術が必要なのではないかと思われるかもしれません。ですが、意外にも「たまたまその会社しかつくっていない」というパターンが珍しくないそうです。

そういう会社の最大の経営努力は、ズバリ「質素に見せる」こと。

というのも、羽振りがよさそうにしていると、周りから「あの会社、なんであんなに儲かってるんだ?」ってバレてしまいます。バレると、マネをする会社が出てきて市場の独占が危ぶまれる。だから、儲かっていることをひた隠しにするのです。

町工場の多い東京・大森に行くと、駅前の大衆居酒屋で、作業着を着たおじさんたちがコップ酒を飲んでいる光景をよく目にします。実はそういうおじさんの中にも、ビックリするような資産家がいたりするんです。

錆びたトタンが張り付けられたような、粗末な工場。社長の愛車は、新車でも200万円前後の国産車。着古して、あちこち汚れたり穴が開いたりしている作業着……。

そんな、いかにも地味で冴えない見た目だけど、工場の中に入ると、最新機器がズラッと並んでいたりするのです。しかも、東京都内の一等地に不動産を所有していたり、株式などの資産をコツコツ集めていたりといった感じで、ひそかに蓄財に励んでいたりします。

派手にお金をつかっているのが人に見えてしまうと、マネをされるリスクだけでなく、税務署にも目をつけられやすくなります。派手に振る舞うことは、彼らにとってなに一つ得にはならないんです。

どうやって資産をつくっているのか？

年商3億円の規模だと、飲食店なら月商400万円のお店を6～7店舗くらいもっている人に相当します。ですが、ニッチ製造業の場合、工場1つもっているだけで、飲食店の何倍も稼ぐことができるんです。

3億円のうち1割が利益だとすると、儲けは年間3000万円になります。ところが、ニッチ製造業のメリットは高収益を上げられる点にありますので、仮に利益率を4割とすれば、年間利益は1億2000万円。経営者の年収は、軽く1億円を超える訳です。

節税対策を考えれば、個人の所得税よりも法人税のほうが安いですから、社長の報酬は減らして、そのぶん会社に残すケースも多いでしょう。自分が会社の100％オーナーであれば、資産が個人名義でも会社名義でも同じこと。「私の給料なんて少ないものですよ」なんていっている中小企業のオーナーでも、相当な資産を持っている可能性があります。

会社名義で不動産やクルマなどの資産を買うこともできますから、「私は資産なんてないんですよ」といっている社長もあなどれません。個人ではもっていなくても、会社名義で莫大な資産を所有していたなんてことは、よくある話です。ほかにも、限度はありますが、**飲食や衣服、旅行に至るまで、会社のオーナーであればあらゆるものを経費で落とすことも可能です。**

サラリーマンのように、会社から給料をもらう立場では、こうした節税対策を駆使することができません。そういう意味では、**節税という点においても、起業のメリットは大いにあるのです。**

見えないところを疎かにしない

僕は出先でつかうトイレをよく観察しています。

飲食の繁盛店はトイレの掃除が行き届いているとよくいわれますが、お店の側だけでなく、**つかった人がトイレをどう扱うかにとても興味があるからです。**

たとえば、カフェのトイレに入ったとき、便器だけでなく床までビチョビチョに汚れていると、思わず掃除したくなります。そして、汚した人のことを想像してしまうのです。

なぜなら、**自分の後につかう人への気づかいができていないだけでなく、細かいところを疎かにするタイプは、仕事でうまくいきようがないからです。**世の中、思っている以上にそういうところを疎かにしている人が多いように感じます。

だからこそ、そういったことも疎かにしない人は、どんな分野でもうまくいくし、そういうところを疎かにしている人で成功している人はほとんどいないでしょう。

政治家に多いケースだと、とても立派な発言をしていて、行動力もあって成果も出している人であったとしても、私的な物品などをせこせこと政治資金で賄っていたなんてことが発覚したら、一気に興ざめしてしまいます。

起業家でも、たくさんの人を幸せにするのが僕の使命ですといっていても、身近な家族ですら幸せにできていないような人だったら、いくら結果を出していても説得力はあまりないでしょう。

物事に表と裏があったら、**人はたくさんの目に触れる表側だけをよく見せようとするものですが、なるべくなら裏側を疎かにしない人と一緒に仕事をしたいものです。**そういう人と仕事をしたほうがうまくいく確率が高いからです。

第6章のまとめ

- 自分がワクワクしないものには1円たりともつかわない
- ガチなお金持ちはクルマの車種などにもこだわらない人が多い
- 嫌な出来事も自分に都合よく解釈できる
- スピードの速い時代、変わり身の早さが大事
- 木よりも森のほうがエネルギーが大きいことを知っている
- 日本の資産家の大半は中小企業オーナー
- 成功している人は物事の裏側を疎かにしない

第7章

起業こそ最強の蓄財術

同じ時間をかけるなら資産がつくれる仕事をすべし

ここまで主に「お金」を上手につかっていくことで、資産をつくっていきましょうという話をしてきました。

ここからは、人生の大半の時間を占める「仕事」でどうやって資産をつくっていくかについてお話しします。

すでにお話ししましたが、僕の中では事業をやるのがいちばん儲かるし、それがいちばんの資産形成になると思っています。なので、ここでは起業を中心に話を進めますが、**ずっと勤め人として生きていくという人も、ぜひとも読んでみてください。**起業をするにしてもしないにしても、不確かなこの時代、その仕組みを知っておいて損はないと思うからです。

22歳から32歳までやっていた居酒屋事業が、僕の経営者としての第1ステージだとすると、35歳から今も取り組んでいるフランチャイズ事業は第2ステージになります。

その間の3年間ほどでなにをしていたかというと、リタイアしていた訳ではありません。売却した会社でいちばん頭がよくて行動力のある社員が一緒についてきたので、早速食わしていかなきゃいけなくなりました。

でも、そのとき、特にやりたい事業がありませんでした。それでどうしようかと考えていたところ、当時、ノウハウなどを売る情報商材が流行っていて儲かるらしいという理由だけで、僕がそれまで培ってきた飲食経営のノウハウを売る商売を始めることにしたのです。初めはメルマガ広告を出せば結構反応があってボチボチ売れていたんですが、すぐに、「こんな商売は続かない」ということに気づきました。

それで、じゃあコンサルタントでもやるかということで方向転換したのです。でも、「コンサルってどうやってお客さん見つけるの」ってなって、あれこれ考えたら、本で名前を売るしかないということで本を出すことにしました。そして、人づてで運よく出版までこぎつけ、その本がジワジワ売れて1万部ちょっとまでいったのです。

そのころからメールマガジンを配信していたんですが、出版をきっかけにメルマガの読者や弟子入り志願者みたいな人がものすごく増えていったので、そこから仕事が入ってくるようになりました。

実際に飲食業のコンサルもやっていたんですが、これが思っていたよりも面倒で、結局半年間くらいしかやりませんでした。なぜなら、これまで培ってきたノウハウや経験を切り売りしてお金に換えられたらよかったんですが、実際にお客さんを相手にするとそうもいかず、相手方の会社に通って実務にまで首をつっこまなくてはいけなくなっていきます。ただの相談やアドバイスだけだとすぐに首を切られてしまう。そもそもコンサルとして食べていくためになんらかの努力をしなくてはいけなくなったら、やめようと初めから決めていたんです。

そんな感じで3年ほど過ごした結論として、**同じ時間をかけて苦労しなきゃいけないんなら、自分が情熱を注げる事業をやったほうがいい。そして、どうせやるなら資産をつくれる仕事をやったほうがいいと強く思いました。**それで始めたのが、今取り組んでいるフランチャイズ事業です。

誰がやっても儲かる仕組みをつくれば事業売却できる

この事業を始める前にわかっていたのは、フランチャイズの加盟店さんを集めるのは、コンサルのお客さんを集めるよりも簡単だということです。

なぜかというと、お客さんからすれば、一方はお金を生み出すもので、もう一方はお金を出して、お金を生み出すための方法を引き出すものだから、需要の強さが違うんです。商売としてコンサルというサービスは売りにくいうえに、それを継続するのもなかなか難しいんです。

それと、それぞれを事業として考えたとき、その二つには決定的な違いがあります。フランチャイズは100店舗あれば事業売却ができるけど、コンサルは客先が100社あってもよほど組織的に運営されていないかぎり、事業売却しづらいんです。**僕は会社を売却しているので、会社がいくら稼げるかという収益性のほかに、会社がいくらで売れるかという資産性をとても気にします。**

たとえば、保険の営業で日本一になったという営業マンがいますが、セミナーをやって自分のノウハウで営業マンを育てるという事業をやっても、コンサル同様、その事業自体は売却しづらいものです。その営業マンがいなくなったら成り立たない事業だから、会社の事業価値としてはゼロなんです。

一方で、すでに業績を上げているフランチャイズ事業なら、買った瞬間からそれまでと同等の利益が見込めるし、やり方によってはもっと業績を伸ばすことができます。

僕は事業としての価値を見て経営しているので、うちの会社は僕がいなくなっても値段がつくんです。つまり、**誰がやっても儲けが出る仕組みになっている。事業がうまくいっているときは収入が得られるし、最後に売却という手段もある。**今のところ売却するつもりはありませんが、すでに、頼んでもいないのに外部からそういう誘いが来たりします。つまり、黒字経営で買収のニーズが高い会社であれば、放っておいても事業買収のオファーはいくらでもくるものなんです。

属人的な能力に依存する事業というのは、才能や能力、努力や運次第で高収入が得られる可能性はあるけど、それ自体で資産はつくりにくいんです。

たとえ資産性のない事業で年収1億円くらい稼げても半分以上が税金でもっていかれてしまいます。税金を引いた残りが5000万円くらいで、1年で2000万円つかうとしたら、手元に残るのは3000万円ほどです。それを10年貯めたら資産が3億円できる計算になりますが、年収1億円を10年間キープし続けるのはかなり大変なことです。

でも、**事業売却で3億円程度の資産をつくるのは、年収1億円をキープし続けることに比べたら、そんなに難しくないし、資産ができるスピードは断然速いんです。**

しかも、今の時代、M&Aが活況で売り手市場になっています。M&Aで1〜3億円くらいの投資をする会社ってたくさんあるので、**1〜3億円くらいで買える会社や事業ってものすごい売れ筋なんです。**

では、具体的にどんな事業なら売りやすいかというと、どんなジャンルでも買い手はつくと考えていいでしょう。その業界ごとにプレーヤーはいるので、きちんと利益が出ている会社であれば買ってくれるところは現れるものです。

飲食店でいうと、これから多店舗展開できそうな繁盛店。キャパシティにもよりますが、毎日お客さんがバンバン入るような串カツ屋だと、月の売り上げが400万円で、月の利益が100万円くらいになります。年間1200万円くらいしか利益がなくても、この店がシステマティックに拡大可能でメディアなどに取り上げられて知名度があれば、この事業に1億円をつっこんでくる経営者はいるんです。事業を始めて1年でこうしたお店がつくれたら、1年で1億円の資産はつくれることになります。

また、業態によっても、高く売れるものとそれほどでもないものがあります。**今の時代だと、圧倒的にネット系ビジネスに高い値段がつくでしょう。**売り上げ規模が同じなら、一般的な飲食店とネットビジネスでは、後者のほうが利益の成長スピードが早いので売却額は高くなります。そういう意味では、起業するときに旬な業態を狙うのはありだと思います。

せっかく起業するのであれば、将来高く売却できる事業を選んでおく。そうすれば、会社が順調に利益を上げているときに、継続的なインカムの中から少しずつ資産を積み上げながら、最終的な事業売却でドカンと資産を増やすことも可能だからです。

かたや、株の運用で1億円つくろうと思ったら、種銭をつくるのに時間がかかりますし、仮に1000万円あったとしても、それを10倍にするのはかなり大変なことだと思います。

起業は思っているほど怖くない

この本を手にしている人の中には、今はサラリーマンをやっているけど、いつかは起業したいという人が少なくないと思います。ですが、**ほとんどの人は安定した生活を捨ててまで行動に移せないのではないでしょうか。でも、多くの人が思っているほど、起業は怖くありません。**

起業が怖いという人は、まずは副業からでも構いません。なるべく初期費用を小さくして始めることです。損しても仕方がないというくらいでやること。

なぜなら、最悪の場合、いくら損するかがあらかじめわかっていれば、ダメになってもダメージは最小限に抑えられるからです。なににいくら使うかって家計のやりくりと同じなので、損失があらかじめ見えていれば、そんなに怖くなくなるんです。

確かにビジネスは勝率が決して高くありません。なので、失敗するという前提に立ってなきゃいけないんです。

最初は小さく始めて、だんだん利益が見込めたら、徐々に大きく広げていけばいいのです。小さな成功を重ねて自信をつけていき、それを繰り返していく感じです。

ホームランって狙っても、いきなり打てるものではないんです。最初は凡打ばかりだったのが、だんだんボールを芯でとらえられるようになって、外野に飛ばせるようになる。そして、優れたコーチからのアドバイスを実践したところ、3回に1回はヒット性のあたりが出るようになるという感じで、トライアンドエラーを重ねていって、いつかホームランが打てるようになるものです。

そして、起業の際のファイナンスについてですが、なるべく自分一人ですべての株式を保有することをオススメします。複数の仲間で起業すれば、心強いですしリスクも分散できますが、多くの人間が発言権をもつと、決定に時間がかかって非効率だからです。それに、複数の人間が株式をもっていると、会社の成長とともに意見が割れたりして、途中で抜ける人が出てくるかもしれません。そうなると、その分の株式を買い戻さなければならない。これが結構大変で、最初に出資してもらった資金の何倍ものお金を用意しなくてはならないのです。

一方、ワンマン経営であれば、すべて自分の一存で決めることができるため、とてもスムーズです。もし、自分の判断に迷うことがあれば、社外に優秀なブレーンをもてばいいだけのことです。**ある程度の規模になるまで、組織はできるだけシンプルにするのがいちばんです。ワンマン経営を前提とした起業をオススメします。**

自由に稼げる時代になった

より稼ごう、資産をつくろうとするなら、やっぱり働き方を変えるしかありません。でも、もし起業する勇気がなければ、フリーランスになればいいのではないでしょうか。

つまり、**会社員として1社から給料をもらうのではなく、複数の会社からお金をもらうというように働き方を変えるのです。**それをするには、あらゆる業種、業態で通用するスキルと人間力を磨かなければなりません。

僕が売却した会社には、京都大学出身の部下がいました。彼は居酒屋業界にはほとんど存在しないような超高学歴ですが、もともと銀行出身でものすごく財務に明るかったんです。うちの会社を辞めた後は、別の会社に就職しましたが、思い切ってその会社も辞めて財務コンサルタントとして独立して、複数の会社から報酬を受けとる働き方に変えました。1社あたり週1日とか2日出勤するという契約を結ぶのです。

そういう会社はほとんどが小さい会社なので、財務担当者は1カ月フルで出勤する必要はありません。雇い主からすれば、銀行交渉があるときだけ来て、資料をつくってくれたら済むので、月に5日も来てくれればじゅうぶんなんです。正社員を雇って毎月何十万も支払うくらいなら、月に5日来てもらって20万円という契約にしたほうが、社会保険料や各種の福利厚生もかからないので、人件費の節約になります。

一方、働く立場としては、1社あたり5日で20万円もらえたら、5社と契約すれば、月25日の稼働で100万円になります。これなら、もし不測の事態で1社契約が切られても、まだ80万円の収入がありますから、すぐに困ることもありません。また、会社内の人間関係によるしがらみからも解放されますし、自由度も高い。そんな感じで働き方を変えるのは、これからの時代、増えていくでしょう。

彼はこうして、生活の基盤となる収入をしっかり確保したうえで、年に何件かM&Aの仲介を成約させ、その手数料で大きな収入を得ています。それを投資に回していく訳です。

もちろん、仕事の能力も大事ですが、**仕事は人間関係によるところが大きいので人間力はいっそう大事になってきます。「この人になら任せられる」と思わせる人間性**

を日ごろから磨いておかなければなりません。

ちなみに、先ほどの彼の場合、一軒一軒飛び込みで営業をした訳ではありません。では、どうやって複数の企業と契約を結べたのかというと、「仲間」からの紹介です。彼は、個人コンサルタントが寄り集まっている組織に所属していたので、その伝手でうまく仕事を紹介してもらったようです。最近では、弁護士や社会保険労務士など、職業ごとに組織がつくられていたり、職業に関係なくビジネスマンが集う場所があったりするので、そういうところにまずは属してみるといいと思います。

昔に比べて、今は各段に働き方が自由になり、選択肢も広がりました。その流れに乗らないのはもったいない気がします。大手企業にいても、5年後、10年後どうなっているかは誰にもわからない時代なので、そういう働き方に慣れておいて損はないと思います。

そもそもの前提として、「収入を増やす＝リスクをとる」ということになります。リスクをとるというと、マイナスになる危険を冒してまでチャレンジするというイメージがありますが、実はプラスになるのもリスクなんです。つまり、想定外のことすべてが、リスクになります。

だから、リスクはとれないって思った時点で、それは高望みをやめるしかないんです。こうしてリスクがとれないのであれば、今ある自分の収入の範囲内で、いかに幸せになるかということを考えていくしかありません。

ただ、下振れリスクを低くすることはできます。それは、**自分のスキルを徹底的に磨くことです**。そうすれば、複数の会社に対して自分のスキルが付加価値になりますから、リスクにも強くなる訳です。さまざまな会社に出入りするようになれば視野も広がっていくので、それがさらなるスキルアップにつながるでしょう。

遊びと区別がつかないような仕事をする

なにより、**自分が集中できる事業が見つけられると、仕事はほんとうに楽しくなります。**最初は「こういうのやったら、儲かるんじゃないの」というところから始まっても、そのうち、ビジネスをやっていくこと自体が楽しくなっていくものです。

お金を儲けて「いいところに住みたい」、「いいクルマに乗りたい」ということがモチベーションになって成功している人もいるんでしょうが、僕の周りにはあんまりそういう人はいません。

和平さんも亡くなるまで竹田製菓の会長として働いていました。あれだけの資産があるので働く必要なんてないんですが、80歳過ぎてもなお仕事が好きで、「仕事ができなくなったら生きている意味がない」なんていっていたくらいです。

成功している人は例外なく、とにかく仕事が好き、ビジネスが好きという人ばかりです。お金をもっと稼ぎたいというよりも、ビジネスほどおもしろいものはないよねという感じでしょう。**それほど熱中できるくらい好きでやっていれば、だいたい成功するものなので、お金を追わずしてもあとから勝手に資産はできていくものではないでしょうか。**

よく経営者はオンオフの境目がないっていわれますが、僕の場合、仕事で問題を抱えていて、休みの日に映画とか見に行っても癒やされることはありません。仕事で発生した問題は仕事でしか癒やされないからです。なので、**休日も働いていることが多いのですが、ワーカホリックというほど働いている意識はありません。それは、僕にとって仕事は遊びみたいな感覚だからでしょうか。**

もちろん、苦しいこともあるし、地味で愚直な作業をしなければいけないときのほうが多いものです。

たとえば、ＩＴの分野で成功したというと、なんとなく簡単に事業を立ち上げて、楽して成功しているように見えますが、その華やかなイメージの裏には泥臭いことがたくさんあると思います。得てして、内情はそんなにキラキラしていないものです。

でも、自分の経験でいうと、事業が成功して大金を得たときよりも、**うまくいかなくていろいろ悩んで苦労していたときのほうが、あとから振り返ると充実しているも**

のなんです。そのときはとにかくうまくいくことしか考えていないので、ほかに余計なことを考えなくなるからだと思います。

飲食業の場合、事業が軌道に乗ってきて店舗数も増えていって、人に任せられるようになると、お金は入ってきますが、経営者としてはやることがあまりなくなるんです。スケジュールに一文字も書いていない日もあるくらい。予定も直前になってババッと入ってくる感じなので、2カ月先まで予定がビッシリってことはあまりない。飲食の経営者は現場に入らない限り、基本的にそんなにやることはありません。

お金にも時間にも余裕ができることが、起業家にとって成功の果実だと思いますが、僕はビジネスをやること自体が好きなので、お金も時間ももてあますような状況が心地いいかというとそうでもありません。成果を刈り取る瞬間は嬉しいものですが、実はそれ自体はそんなに楽しくないんです。

だから、事業が成功したら、その事業がうまくいっているうちに、次の事業を積極的につくっていくのです。新しい事業をはじめることは、とても楽しいですし、これこそが経営のコツそのものなのです。

それはビジネスに限ったことではないでしょう。

子育てするときも、恋人をつくるときも同じだと思うんです。時間も労力もさいて、お金もつかって無我夢中になっているときが、実はいちばん楽しい時間だったりするものです。

毎日おむつを替えて寝かしつけて、子育てに手間暇かけるのって相当な労力で、「つらい」と思う場面は親ならば誰にでもあるものです。でも、そうして苦労しながらも、子供がどんどん成長していく過程が見られるのが子育ての醍醐味です。

いざ子供が大人になって親孝行されても、子育てのころに比べればそれほど楽しくないものです。子育てしたことのある人はだいたい、子供が小さいときがいちばん楽しかったというと思います。親孝行は、子供が小さなうちに、もう終わっているものです。

多額の借金をしていたお年寄りが、返済した途端にポックリいくケースがあるといいます。借金を返すというストレスによって、命を燃やしているみたいなところがあって、その目標がなくなった途端に、ボケちゃったりポックリいったりすることってじゅうぶんありえます。

お金に関していうと、少しずつでも増えているときが楽しいのであって、ある程度まとまった資産ができると、資産の額ってあんまり気にならなくなるものです。特に**会社が上場して、自社株をもっているような人って、株価は日々変動するので、自分に今資産がいくらあるかわからないという人がほとんどではないでしょうか。**

弱者の戦略――逆張りの法則

マンションの一室やアパート一棟を買って行う不動産投資は、インカムゲインもキャピタルゲインも見込めるので、サラリーマンが資産をつくる際、副業としてやりやすいと思います。

ただ、今だと人口が集中している主要都市の不動産価格はアベノミクスの影響で高騰しているというのと、日本の人口はこれから減っていくという理由で、あまり有望な投資ではないという空気感があります。

でも、**本業でも副業でも、総じてみんながダメだと思うものにあえて逆張りでトライしてみると、やり方次第ではうまくいく可能性が高かったりします。**

たとえば、過疎化が進んでいる田舎にある居酒屋ってすごくおもしろくて、実は商売として狙い目だったりするんです。

なぜかというと、地方の中でも特に過疎化エリアは新規参入がほとんどありません。それに、お客さんのパイが少なくても市場自体は残っています。残存者利益というやつです。そもそも、地元の人は「こんなところでやっても、もうダメだろう」って諦めているものです。

だから、こういった田舎でもともと事業をやっているところで強い会社や個人ってあまりいないので、外から参入すればうまくいく可能性はじゅうぶんあるんです。あまり知られていませんが、実際に地方に行ってみると、こうして外から参入した居酒屋が繁盛しているケースをよく見かけます。

これって**レコード針みたいなもので、一定の支持者がいれば成り立つ。レコード針を未だにつくっている会社ってかなり減っているので、そういう会社は結構儲かっています。**まさに逆張りですが、みんながダメだと思っているところをあえて攻めていく。こういう発想も必要なんですね。

実は、僕自身がフランチャイズ事業でやっているのが、まさに逆張りです。うちの加盟店は、オーナーさんがもともと破産経験者だったり、借金を抱えていたりする人が多いという話をしました。

それがなぜ逆張りなのかというと、通常フランチャイズの本部というのは、資本力のある会社に加盟店になってもらいたいものなんです。資金のない人間だと、本部の資金で店をつくってあげなければならないからです。つまり、失敗したらすべての負債を本部がかぶらなければならないので、こうした属性の人は最初からお断りというのが常識なんです。

だけど、僕はあえて資金が潤沢にない個人にやってもらうというやり方にしています。**なぜなら、そうした個人の「なにがなんでも這《は》い上がってやる！」っていう、強いエネルギーにかけているからです。**

今、僕の会社では80店舗に届くというところまで加盟店が増えていますが、もちろんこのまま、うまくいくかどうかはわかりません。さまざまな仮説を立てて、トライアンドエラーを繰り返しながら手探りで実験している最中ですが、今のところは順調に成長していますので、第一段階はクリアしているといってもいい状態だと思います。

資金が潤沢でない個人にターゲットをしぼって加盟店集めをしていれば、離脱する人も少なくありません。

でも、その中には傑物みたいな人がいて、そうした傑物が、離脱した人がやっていた店を再生してくれるようになるんです。つまり、そういうパワーのありそうな個人にターゲットを定めて、その人の人間性にかけるという逆張りをしているのです。

そもそも、こうしたフランチャイズビジネスをしていると、ある程度の離脱は避けられません。それは、資金力の有無に関係なく起こることです。

ざっくりいうと、10人に事業を任せるとして、5年後にはそのうちの半数近くが脱落していく可能性があります。そして、そのうち1人が50％のシェアを占めるようになり、もう1人が30％、そして残りの2人が10％ずつ占めるという構図に近づいていくのです。

どんな業種でも、市場を寡占していく一部の人間となにもできずに終わっていく人間とに二分されていくものです。

そういう意味では、世の中には勝てる事業と勝てない事業があるのではなく、最終的には勝てる人間と勝てない人間とに分かれるんだと思います。

アパレルでも、ユニクロのように巨大になっていく企業がある一方で、1店舗も軌道に乗せられないまま終わっていく企業もある。それは業種の問題ではなく、携わる人間の問題なような気がします。そうした「人間の価値」を信じて、僕は人にかけているのです。

ただ、勘違いしていただきたくないのですが、これはもちろん、価値がある人間とそうでない人間がいるといっているのではありません。つまり、「会社員向き」「事業家向き」という向き不向きの中から、僕なりに「事業家向きの人間」を見極めて選んでいるんです。

無理して種銭をつくる必要はない

事業資金に関していえば、昔に比べたら借金もしやすくなっていますが、借金以外にもお金を集める方法はかなり増えています。ベンチャーキャピタルに投資してもらったり、クラウドファンディングで小口でお金を集めたりできるので、**是が非でも自分で資金をつくる必要はなくなってきています。**

ただ、その際に**覚えておいたほうがいいのが、5万とか10万とか、「少額しか出さない人ほど、口うるさい」ということ。**一番ややこしいのが、いろんな人から少しずつ借りるケースです。これには注意しましょう。

なので、**一番いいのは、お金はお金をもっている人から借りることです。**

ほとんどのお金持ちは、貸す際は返ってこないものだと思って貸している人が多いので、そういう人から借りたほうがいい訳です。それは裏を返すと、貸すに値する人間にしか貸さないということになります。

それと親ですね。親からお金が借りられないような人間には、誰も貸してくれないものです。

そもそも**今の時代、資本が少なくても事業が始められるので、起業のために無理して種銭（資本）をつくる必要はなくなってきました。**

事業にはヒト・カネ・ノウハウが必要ですが、今の世の中いろんなものが溢れているので、それをいかに自分の手もとにたぐり寄せられるかが重要になってきます。

お金をもっている人を見つけてくる、ノウハウをもっている会社と提携する、やる気のある人を連れてくる。これさえできれば、いくらでも事業はできるんです。要は、**自分がもっていないものをもっている人、できないことができる人を組織化できる人間になることが大切なんです。**

そのため、僕が心がけているのは、誰に対しても裏表がないこととか、ポジショントークしないといったことでしょうか。

あと集まってほしい人たちが欲しがるような情報を発信したり、メッセージを伝えたりすることで、それに興味をもった人、共感した人が集まってくるように思います。

フランチャイズの加盟店を集める場合も、直接的に「フランチャイズの説明会をやります」というより、「繁盛するお店のつくり方について講演会をやります」といったほうが人が集まってきて、講演を聞いた後で「実はやりたかったんです」と手を挙げる人が結構多いものです。

会社の収益が飛躍的に伸びる3つのフェーズ

起業後に会社の収益を伸ばすには、次の3つのフェーズがあります。

①まずは自分が必死になって働く
②稼ぐ部下を育てる（自分のコピーを作る）
③ロイヤリティやライセンス料を受け取る

小さく始めると、最初は社員を雇う余裕などありません。仮に雇えたとしても、アルバイト数人がやっとでしょう。ですから、まずは自分の努力がものをいいます。この第一段階はどんな事業でもスルーできませんので、**最初は無我夢中で働く覚悟が必要です。**

その上で、ある程度事業が軌道に乗ってきたら、社員を雇って仕事を分担してもらいます。このとき、**優秀な部下を育てれば育てるほど、自分がいなくても会社は儲か**

るようになるものです。人材育成に自信がないという人もいると思いますが、中小企業の場合、それほど心配することはありません。なぜなら、社長と社員の距離が近く、社長の想いが全体に伝わりやすいからです。

組織というのは、社員それぞれがスキルを高めることも大事ですが、それ以上に**重視すべきは、経営者と社員の価値観が合っているかどうか。**社長の掲げる理念が社員にしっかり浸透していれば、少しくらい個々のスキルが足りなくても、組織の機動力は高まるものです。

つまり、**中小企業でいい人材を育てようと思うのなら、社長である自分の理念なり、想いなりがしっかりしていること。そして、社員との距離をできるだけ縮めること。**そうすれば、会社に貢献してくれるいい社員が育ってくれるでしょう。

ちなみに、僕自身は人材育成には強いほうではないので、部下の教育とかはほとんどやっていません。ですが、幸いなことに、とても優秀な部下に恵まれています。人材育成が苦手な分、みんなが働きやすい環境になるように、僕は社員と同等であることを意識したり、自らの精神的なアップダウンを会社で出さないように心がけているつもりです。

最後の③は、まさに僕が今やっているビジネススタイルです。加盟店に事業のノウハウを教え、それを軸に稼いでもらう。その売り上げの中から、一定のロイヤリティを受けとるというものです。

実際にお金を稼いでくれるのは加盟店さんですから、僕たちは、加盟店さんが行き詰まらないようにサポートをしながら、少しでも売上が伸びるようにアドバイスをします。売り上げが伸びれば、加盟店さんも嬉しいし、僕たちの会社も潤うウィンウィンの関係になります。加盟店の数が多くなれば、うちに入ってくるロイヤリティも増えますから、どんどん会社も大きくなっていきます。

こうして会社が活気づいてくれば、自然と組織にも勢いが出てきます。最終的には、②〜③がぐるぐると循環することで、会社の収益は飛躍的に伸びていく訳です。

そして、ずっとサラリーマンでやってきて、いざ起業しようとする人に必要なものってやっぱり行動力なんですが、それだけではうまくいかないものです。

この前聞いた話ですが、テレビＣＭでも有名なある大手不動産賃貸会社の創業者の方が、**仕事を任せられる人間の条件を「頭がよくて、動ける奴」**と挙げていたそうです。条件はただそれだけです。

これってすごくシンプルだけど、深いんです。頭がよくて行動しない奴はダメだし、よく行動するけど頭が悪い奴もダメ。起業家には両方の要素が必要なんですが、この両方を兼ね備えている人というのが意外と少ない。

もし将来的に起業を目指しているなら、これらのことを意識しながら、今はサラリーマンとして任された仕事をひたすら一生懸命やっていくこと。そうすれば、独立してからも食べていけるようになるし、それができる人が**今やっている仕事の延長線上で起業すれば、成功する可能性はかなり高いように思います。**

「泥臭い作業」を続けられるかで成功は決まる

ここでは、僕が今携わっている宅配事業から、ポスティング（チラシをまくこと）を例にお話しします。

最近では、スマホの普及やネットの発達によって、コストのかかる紙のチラシをまく会社は少なくなりつつあります。だけど、**そんな時代だからこそ、うちの会社ではあえて紙のチラシをまく手法をとっています。**

でも、ただいたずらにまいている訳ではありません。ちょっとした工夫をしています。

一般的に、ポスティング業者の配布するチラシは、高層マンションなどの世帯数の多い集合住宅に集中するものです。それは、ポスティング業者がアルバイトを雇ってポスティングするケースが多いためです。

ポスティングのバイト代は地域によっても違いますが、だいたい3000枚のチラシを配って1万円という世界です。そして、まく枚数が3000枚なら、6000軒くらいあるエリアを指定されてその中でまくよう指示されます。そうなると、バイトする人たちはより効率のいいルートを自分で調べて、1分でも早くまき終えて帰ろうとするものです。

すると、**効率の悪いゾーン（一戸建てが集中しているエリア）は野放しにされて、世帯数が多くて一気に配り終えられる高層マンションなどにチラシが集中するのです。**

それを見越して、うちの会社ではあえて戸建てエリアにチラシを集中投下しています。戸建て住宅に1軒1軒まくのは時間がかかるので効率が悪く思えますが、こういったエリアは高層マンションに比

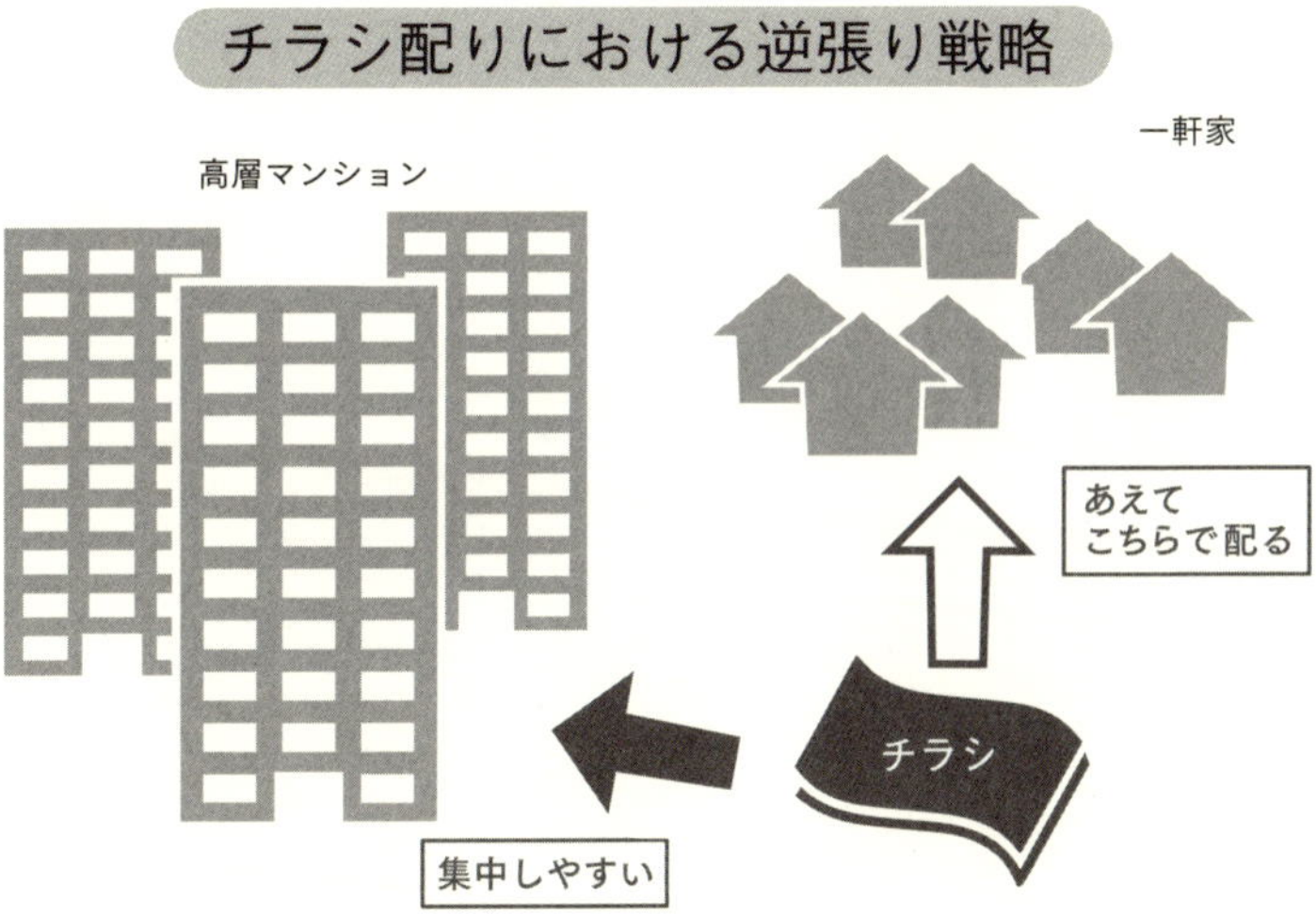

べると、まかれるチラシの枚数が圧倒的に少ないので、まいた数に対するヒット率が高いんです。

なので、僕らがチラシをまくとたちまちレスポンスがある。つまり、注文が次々に入ってくる訳です。

たくさんチラシがまかれるマンションよりも競合が少ないので、たとえば、家でお母さんが「今晩は出前にしよう。じゃあ、チラシが入っていたこのお店にする?」ということで、選ばれる可能性がかなり高くなります。もちろん、選んでもらえるように、メニューの写真やキャッチコピーなどチラシ自体にも工夫を凝らします。

これも僕がとっている逆張りの手法です。

特にこういう**宅配事業だと、このチラシ配りもそうですが、お客さんを待たせないように迅速に配達したり、お客さんに満足してもらえるものを届けたりといったごく当たり前の、地味で泥臭い作業がしっかりできる人こそが、成功をつかみとれるように思います。**

ビジネスにおいてウルトラCで一発逆転ホームランというのは、ありえないと思ったほうがいいでしょう。

ストレスを成功のエネルギーにする

困難であればあるほど、それを乗り越えたときの達成感や得られるお金の額が大きくなるのは、いわば成功法則みたいなものです。なので、そういった**成果を得たかったら、それなりに追いこまれる経験が必要になってきます。**

その達成感とはなにかといったら、結局、自分が立てた目標や理想が何割達成できたかということになってくるので、目標や理想がストレスとなって乗りかかってくるのです。

資産にしても、1億円を目指して1億円つくるのか、10億円を目指して5億円つくるのか。このとき、**多少ストレスが大きくなったとしても、母数を大きく考えておいたほうがいいと僕は思っています。**

たとえば、500億円の売り上げを目標にすれば、50％しか達成できなくても250億円になります。目標を5億円にしたら、100％達成できたとしても5億円です。そういう意味では、やっぱり大きいほうが夢もあるし、やりがいがあります。

目標を下げて100%達成したほうが気楽だし、気持ちもいいかもしれないけど、実績としてははるか下をウロウロすることになります。目標を高くしていれば、たとえ30%しか達成できなくても、実績は大きくなるものです。**小さくやっても大きくやってもストレスは必ずあるので、どうせやるなら、大きな目標をもって、ストレスをエネルギーに変えてしまうくらいのほうがうまくいくように思います。**

僕のフランチャイズ事業の出発点がまさにそうでした。
フランチャイズ事業を始めて、2店舗目あたりで加盟店さんと揉めてしまったことがありました。でも、このとき、「2～3店舗しかやっていなくても揉めるなら、何百店つくっても揉めるものは揉めるんだから、うんと広げてやろう」と思った訳です。それで、店舗数を増やす方向に走っていきました。加盟店を増やしていけば、加盟店から「金返せ」なんてトラブルになったとしても、いつでも全額、耳を揃えて返せるくらいの財力もついていきます。実際は、加盟店さんが増えると、逆にトラブルは減っていくものです。

始めるのはスモールでも、目標や理想は大きく。小さくてもたくさんつくれば大きくなる訳だから、見えてくる世界はだんだん大きくなっていくんです。

マイナスから脱却するエネルギーをつかう

起業してから、事業を軌道に乗せるまでの考え方についてお話しします。まず最初にやるべきことは、赤字から黒字への転換点となる損益分岐点売上を把握すること。その売上を把握したら、ただ一点、自分のエネルギーを、それを超える売上まで持ち上げることに集中させていく必要があります。事業を軌道に乗せるために必要なのは時間です。どんな事業であれ、事業を軌道に乗るまでに相応の時間がかかります。

第3章で「積極的に借金をせよ」と主張し、その中で借金の利点は「時間を手に入れることである」と書きました。軌道に乗るまでの赤字に耐えるだけの手元資金が必要なわけですが、その資金をも借金によって確保すればいいのです。

多くの人は、なるべく借金を増やさないですませたいと思い、必要最低限の借入ししたがりませんが、事業において借金とは、借りられるものなら借りられるだけ借りる、というのが正解なのです。先ほど、純有利子負債についても説明しましたが、お金を借りてもつかわずにそのまま手もとに残しておけば、実質的には無借金です。

だから借りられるだけ借りて、手もとに現金を置いておく。

５００万円を投じて事業を立ち上げるなら、５００万円だけ借りてカツカツで運営するより、倍額の１０００万円を借りて５００万円を手もとに残しておいたほうが、はるかに経営は楽になります。追加で必要になったヒトやモノを、残しておいた資金で調達できますし、なによりも事業が軌道に乗るまでの時間を確保できるからです。

そのように借金によって時間を確保し、その間に事業を黒字化していくという発想がとても大切になります。資金がない、時間もないという状態では、事業はうまくいきません。借金が増えるとプレッシャーが増えていきますが、そういったマイナスを背負った状況を積極的にエネルギーに変えていく姿勢が大切です。

マイナスからの脱却は、大きなエネルギーを生み出します。そのエネルギーを事業の発展に利用していけばよいのです。そのエネルギーはマイナスを脱したあとも消えることはなく、大きな利益を生み出していくまで続きます。マイナスというのは、間違いなく大きなプラスを生み出す強いエンジンになっていきます。今の時代、リスクをとらないスタンスの人が増えておりますが、実際は積極的にさまざまなものを背負うことで事業が成長していくことが多いのです。

常識がないからうまくいく

僕自身、実家が自営業で、一度もサラリーマンを経験したことがありません。そのおかげか、事業に対する不安や恐怖心を感じにくい体質だと思っています。

そもそも、働き方にしろ給料にしろ、自分でビジネスをしている人の仕事に対する感覚は、普通の勤め人とはだいぶ違います。

逆に、**ある程度、普通の人の常識から外れていないと事業ってできないものなんです。つまり、人が恐怖を感じるものに対して、なにも感じないような〝バカ〟でないと、事業はうまくいかないものです。**

ここでいう常識とは、世間で当たり前だと思われていることで、そこから考えや行動が外れないことともいえます。常識から外れるというのは、もちろん、人に迷惑をかけたり、ルールを無視したりというのではありません。

そういう常識の大半は狭い日本社会でしか通用せず、日本から一歩外に出ると逆に非常識になるケースが少なくありません。そして、常識にとらわれてばかりいると、自らの行動をしばったり、人の目を気にしたりして、身動きがとれなくなるものです。

では、なぜそうした常識が生まれ、浸透していったかというと、人々を支配するためのものだったそうです。

日本特有の「恥の文化」は、江戸時代、幕府に反旗を翻して失敗した者を、公衆の面前で辱めることで生まれたといわれています。当時の武士にとって、恥をかくことは死と同等か、それ以上の屈辱とされ、恥をかくくらいなら死んだほうがましだと思われていたのです。失敗して恥ずかしいというのは、いわば、人を押さえつけるためにつくられた意識なんです。

日本は大企業を育てることで、高度経済成長を推し進めてきました。そのために、従順な人間をたくさん教育し、そういう人材を大企業に送り込まなければなりません。つまり、常識的で画一的な考え方をもった人間がよしとされるようになったのです。

でも、昔の常識が、今の時代の原動力になるかというと、時代錯誤以外の何物でもなくなってきているんです。

そんな今でも、画一的な教育で刷り込まれた常識から抜けられない人がとても多い。

でも、最近その風向きが変わってきたように感じます。

元ライブドア社長の堀江《ほりえ》貴文《たかふみ》さんなどは、まさにその代表格でしょう。プロ野球の大阪近鉄バファローズ（現在はオリックス・バファローズ）やニッポン放送を買収しようとしたり、衆議院議員総選挙に立候補したり、常識から外れた行動を次々に起こしていきましたが、その言動を見ていると、終始一貫していて、まったく自分を見失っていないことがわかります。凋落傾向にあるテレビ業界も、あのとき、堀江さんの力を借りていたら、今のようにはなっていなかったんじゃないかと思います。

今の時代、特にビジネスをしていく際、必要以上に周りの空気を読むことがかえって、動きを鈍らせるような気がします。誰がなんといおうと自分の意志を貫き通す、ナチュラルでとらわれのない新しい世代が、これからどんどんイノベーションを起こすのでしょう。そして、今なお古い常識を振りかざしている世代が徐々にいなくなってくることで、そのスピードはいっそう加速するはずです。

常識にとらわれなくなると、なぜ起業に対して怖いという思いをもつのか、そこに疑問をもつようになると思います。

常識に固執しなければ、たとえもっているものをすべて失ったとしても、人生にはいくらでもチャンスがあることがわかります。人の目を気にして、失敗を恥ずかしいと思うこともなくなるはずです。

そういう意識に目覚めたら、誰もが肩の力を抜いて起業できるようになると思うので、成功の道もグッと引き寄せられるのではないでしょうか。

第7章のまとめ

- 情熱を注げる仕事をしたほうが資産はつくれる
- 事業売却で3億円の資産をつくるのは難しくない
- M&Aで売れ筋なのは1~3億円くらいで買える会社
- 常識にとらわれなくなると肩の力を抜いて起業できるようになる

- 起業が怖いなら複数の会社から給料をもらう働き方に変える
- ヒト・カネ・ノウハウを集められればいくらでも事業はできる
- 勝てる事業と勝てない事業があるのではなく
勝てる人間と勝てない人間がいるだけのこと
- 過疎化している田舎の居酒屋は商売として狙い目
- 始めるのはスモールでも目標や理想は大きくもつ
- 優秀な部下＝自分のコピーが育てば
自分がいなくも儲かる会社になる
- 仕事を任せられる人の条件は「頭がよくて動けること」
- 組織で大切なのは経営者と社員の価値観が合っていること
- 地味で泥臭い作業を疎かにしていたら成功は程遠い
- マイナスは大きなプラスを生み出す強いエンジンになる

著者略歴

鬼頭宏昌　（きとう・ひろまさ）

元居酒屋チェーンオーナー
株式会社 SBIC 代表
1974 年生まれ。大学中退後、地元・名古屋で父親が経営する株式会社まこと（のちに株式会社キューズファクトリーズに社名変更）に入社。新規事業として始めた、居酒屋「旗籠家さくらみせ」を業界屈指の繁盛店に育てる。25 歳のとき、同社が赤字転落したのを機に経営者となる。徹底した計数管理と斬新な戦略で、6 年で 20 店舗（すべて直営店）、年商 20 億円の外食チェーンに成長。32 歳のときに、優良企業となったところで事業を売却する。
その後、スモールビジネス時代の到来を確信し、フューチャーコネクト株式会社（現、株式会社 SBIC）を設立。現在、フランチャイザー（本部）として、全国 56 店舗のとんかつデリバリー「かさねや」などの宅配事業のほか、結婚相談所、ラーメン店、立ち飲み屋などの飲食事業を展開している。
一方、31 歳のときに、幼児向けお菓子「タマゴボーロ」「麦ふぁ〜」で有名な竹田製菓代表取締役会長（当時）で、日本有数の個人投資家として知られる竹田和平氏（2016 年に逝去）の薫陶を受け、生き方やメンタル面での学びを深める。
自身の経験をもとにした経営メソッドのほか、ロジカルで熱いメッセージを発信するメールマガジンが飲食業界を中心に人気を博す。著書に、『小さなお店の数字に強くなる本』『赤字店を年商 20 億円に導いた飲食店開業・経営の成功メソッド』（ともに、かんき出版）などがある。

フェラーリはクラウンよりも安かった！
3億円つかってわかった資産のつくり方

2016 年 10 月 9 日　第 1 刷発行

著者　鬼頭宏昌
発行者　唐津　隆
発行・販売　株式会社ビジネス社
〒 162-0805 東京都新宿区矢来町 114 番地　神楽坂高橋ビル 5 階
電話　03（5227）1602　FAX　03（5227）1603
http://www.business-sha.co.jp

〈カバーデザイン〉ドットスタジオ
〈印刷・製本〉半七写真印刷工業株式会社
〈編集担当〉伊藤洋次　〈編集協力〉古田尚子
〈営業担当〉山口健志

ISBN 978-4-8284-1912-1